自然风光

名句中国丛书·柒

吴礼权 编著

暨南大學出版社
JINAN UNIVERSITY PRESS
中国·广州

图书在版编目（CIP）数据

自然风光／吴礼权编著．—广州：暨南大学出版社，2014.7
（名句中国丛书）
ISBN 978－7－5668－0665－9

Ⅰ.①自… Ⅱ.①吴… Ⅲ.①名句—汇编—中国 Ⅳ.①H136.3

中国版本图书馆 CIP 数据核字(2013)第 157390 号

出版发行：暨南大学出版社

地　址：中国广州暨南大学
电　话：总编室（8620）85221601
营销部（8620）85225284　85228291　85228292（邮购）
传　真：（8620）85221583（办公室）　85223774（营销部）
邮　编：510630
网　址：http：//www.jnupress.com　http：//press.jnu.edu.cn

排　版：广州良弓广告有限公司
印　刷：佛山市浩文彩色印刷有限公司

开　本：890mm×1240mm　1/32
印　张：6.625
字　数：177 千
版　次：2014 年 7 月第 1 版
印　次：2014 年 7 月第 1 次

定　价：15.80 元

（暨大版图书如有印装质量问题，请与出版社总编室联系调换）

前　言

吟安一个字，捻断数茎须。（唐·卢延让《苦吟》）

二句三年得，一吟双泪流。（唐·贾岛《题诗后》）

名句，特别是那些历久不衰、传诵不绝的经典名句，既是作者千锤百炼的思想成果，更是中华民族悠久文化的精华之浓缩，很是值得我们仔细玩味。因为我们可以从中汲取有益的精神营养，增加人生智慧，得到为人处世的人生启发，获取精神心灵的慰藉，由此开创我们健康、快乐、积极、向上的美好人生。

工欲善其事，必先利其器。（先秦《论语·卫灵公》）

道虽迩，不行不至；事虽小，不为不成。（先秦《荀子·修身》）

生于忧患，而死于安乐也。（先秦《孟子·告子下》）

大行不顾细谨，大礼不辞小让。（汉·司马迁《史记·项羽本纪》）

临渊羡鱼，不如退而结网。（汉·班固《汉书·董仲舒传》）

成大功者不小苛。（汉·刘向《说苑·政理》）

读一读这些充满哲理睿智的先贤名言，对我们今天如何为人处世，相信会启发多多、获益无穷的。

中国自古便有一句老话：“人生不如意事常八九。”现实生活并不是诗词歌赋，更不会事事都充满诗情画意。因此，在现实生活中遭遇种种的人生挫折，那是“司空见惯浑闲事”。假如在人生的道路上遇到挫折，我们是否就此一蹶不振、意志消沉下去呢？

天行健，君子以自强不息。（先秦《周易·乾》）

长风破浪会有时，直挂云帆济沧海。（唐·李白《行路难》）

天生我材必有用，千金散尽还复来。（唐·李白《将进酒》）

读一读先贤的这些经典名言，相信我们定能由此振作起来，重新燃起希望之火，顿起奋发进取之志。

有奋发进取的国民，才会有奋发进取的民族。中华民族之所以生生不息，中华文化之所以源远流长，正是因为我们自古以来就不乏仁人志士。

如欲平治天下，当今之世，舍我其谁也？（先秦《孟子·公孙丑下》）

老骥伏枥，志在千里；烈士暮年，壮心不已。（汉·曹操《步出夏门行·龟虽寿》）

心懔懔以怀霜，志眇眇而临云。（晋·陆机《文赋》）

会当凌绝顶，一览众山小。（唐·杜甫《望岳》）

丈夫贵兼济，岂独善一身。（唐·白居易《新制布裘》）

为天地立心，为生民立命，为往圣继绝学，为万世开太平。（宋·张载《近思录拾遗》）

读一读这些气壮山河、豪迈超逸的传世名言，相信我们每一个人都会由此洞悉中华民族之所以伟大、中华文化之所以渊博的内在原因。

一个民族之所以成为一个民族，那是因为有一种民族精神。中华民族之所以成为中华民族，中华民族之所以在历经无数苦难之后仍然屹立不倒，并不断自强崛起，那是因为中华民族自古以来就有无数以国家天下为己任、舍身报国、爱国忘家的优秀儿女。

路漫漫其修远兮，吾将上下而求索。（先秦·屈原《楚辞·离骚》）

匈奴未灭，何以家为也！（汉·司马迁《史记·卫将军骠骑列传》）

捐躯赴国难，视死忽如归。（三国魏·曹植《白马篇》）

鞠躬尽瘁，死而后已。（三国蜀·诸葛亮《后出师表》）

风尘三尺剑，社稷一戎衣。（唐·杜甫《重经昭陵》）

黄沙百战穿金甲，不破楼兰终不还。（唐·王昌龄《从军行七首》）

先天下之忧而忧，后天下之乐而乐。（宋·范仲淹《岳阳楼记》）

位卑未敢忘忧国。（宋·陆游《病起书怀》）

人生自古谁无死，留取丹心照汗青。（宋·文天祥《过零

丁洋》)

风声、雨声、读书声，声声入耳；家事、国事、天下事，事事关心。(明 · 顾宪成为无锡东林书院所题联语)

苟利国家生死以，岂因祸福避趋之。(清 · 林则徐《赴戍登程口占示家人》)

天下兴亡，匹夫有责。(清 · 顾炎武《日知录 · 正始》)

读一读上面这些掷地有声的报国誓言、爱国心声，我们不难窥见中华民族之所以能够绵历数千年而生生不息、历久弥新的原因所在。

有爱国之心、报国之志，固然难得；而有治国安邦之才、济世爱民之情，则更为难得。中华民族之所以生生不息，并不断从苦难中站起来，那是因为我们历来不乏治国之能臣、安民之才俊。

居安思危，思则有备，有备无患。(先秦《左传 · 襄公十一年》)

为之于未有，治之于未乱。(先秦《老子》第六十四章)

仓廪实则知礼节，衣食足则知荣辱。(先秦《管子 · 牧民》)

政之所兴，在顺民心；政之所废，在逆民心。(先秦《管子 · 牧民》)

国虽大，好战必亡；天下虽安，忘战必危。(先秦《司马法 · 仁本》)

家有常业，虽饥不饿；国有常法，虽危不亡。(先秦《韩非子 · 饰邪》)

公正无私，一言而万民齐。（汉·刘安《淮南子·修务训》）

世不患无法，而患无必行之法。（汉·桓宽《盐铁论·申韩》）

民之所好，好之；民之所恶，恶之。（汉·戴圣《礼记·大学》）

求贤如饥渴，受谏而不厌。（晋·陈寿《三国志·吴书·张纮传》）

服民以道德，渐民以教化。（宋·欧阳修《三皇设言民不违论》）

兼听则明，偏信则暗。（宋·司马光《资治通鉴》载唐太宗语）

为政之要，曰公曰清。（宋·林逋《省心录》）

听一听这些先贤治国安邦的心得，分享他们济世安民的成功经验，今天身为人民公仆的干部一定能从中学习、领悟到不少东西；于其执政能力、行政能力的提高，也会助益多多。

治国安邦之才，经世致用之能，并不是先天所生就，而是要通过后天的学习教育。而今，世界已经进入“知识经济”时代，不接受教育、不读书或者说不会读书，都会被时代淘汰。

学而不思则罔，思而不学则殆。（先秦《论语·为政》）

玉不琢不成器，人不学不知道。（汉·戴圣《礼记·学记》）

学，然后知不足；教，然后知困。（汉·戴圣《礼记·

学记》)

少则习之学，长则材诸位。(汉·班固《汉书·董仲舒传》)

业精于勤荒于嬉，行成于思毁于随。(唐·韩愈《进学解》)

纸上得来终觉浅，绝知此事要躬行。(宋·陆游《冬夜读书示子聿》)

循序而渐进，熟读而精思。(宋·朱熹《读书之要》)

对于“为何学习”、“如何学习”，先哲前贤都提出了精辟的见解。读了上述教诲，相信今天的我们定能“心有戚戚焉”，对学习的意义与学习的方法的认识也会更加深刻的。

其实，先贤留下的名言名句，不仅极大地丰富了我们中华文化，对中国人的思想发展、人生观的确立等有着重要的影响，同时也对中国人心灵的陶冶与精神的慰藉为功不小。

余霞散成绮，澄江静如练。(南朝齐·谢朓《晚登三山还望京邑》)

白日地中出，黄河天外来。(唐·张蠙《登单于台》)

大漠沙如雪，燕山月似钩。(唐·李贺《马诗二十三首》)

大漠孤烟直，长河落日圆。(唐·王维《使至塞上》)

千里莺啼绿映红，水村山郭酒旗风。(唐·杜牧《江南春》)

日出江花红胜火，春来江水绿如蓝。(唐·白居易《忆江南》)

江流天地外，山色有无中。(唐·王维《汉江临眺》)

三山半落青天外，一水中分白鹭洲。（唐·李白《登金陵凤凰台》）

楚塞三湘接，荆门九派通。（唐·王维《汉江临眺》）

疏影横斜水清浅，暗香浮动月黄昏。（宋·林逋《山园小梅》）

烟柳画桥，风帘翠幕，参差十万人家。（宋·柳永《望海潮》）

读一读这些描写塞外、江南自然风光的诗句，相信我们都会油然而生对祖国大好河山的无限热爱之情。

白日依山尽，黄河入海流。（唐·王之涣《登鹳雀楼》）

横空过雨千峰出，大野新霜万叶枯。（唐·耿湋《九日》）

远山芳草外，流水落花中。（唐·司空曙《题鲜于秋林园》）

明月松间照，清泉石上流。（唐·王维《山居秋暝》）

柳色黄金嫩，梨花白雪香。（唐·李白《宫中行乐词八首》）

星垂平野阔，月涌大江流。（唐·杜甫《旅夜书怀》）

春色满园关不住，一枝红杏出墙来。（宋·叶绍翁《游园不值》）

风吹梅蕊闹，雨细杏花香。（宋·晏几道《临江仙》）

蕉叶半黄荷叶碧，两家秋雨一家声。（宋·杨万里《芭蕉雨》）

浮天水送无穷树，带雨云埋一半山。（宋·辛弃疾《鹧鸪天》）

一年湖上春如梦，二月江南水似天。（元 · 迺贤《次段吉甫助教春日怀江南韵》）

水流曲曲树重重，树里春山一两峰。（清 · 郑燮《潍县竹枝词》）

读一读这些描写山水花木的诗句，相信我们都会顿生“清风明月本无价，近水远山皆有情”的情感共鸣，在观照自然万物中得到心灵的净化。

目送归鸿，手挥五弦。俯仰自得，游心太玄。（三国魏 · 嵇康《赠兄秀才从军十八首》）

石栏斜点笔，桐叶坐题诗。（唐 · 杜甫《重游何氏五首》）

松风吹解带，山月照弹琴。（唐 · 王维《酬张少府》）

独立小桥风满袖，平林新月人归后。（南唐 · 冯延巳《鹊踏枝》）

欲归还小立，为爱夕阳红。（宋 · 陆游《东村》）

东篱把酒黄昏后，有暗香盈袖。（宋 · 李清照《醉花阴》）

题诗石壁上，把酒长松间。（元 · 倪瓒《对酒》）

闲窗听雨摊书卷，独树看云上啸台。（清 · 吴伟业《梅村》）

读一读这些诗句，相信我们会尘虑顿消。而对照于古人的生活情趣与潇洒的人生态度，相信今日忙忙碌碌的我们都会惭愧不已，不得不对自己的人生态度进行深刻的反省。

这套名曰“名句中国”的小丛书，虽本意在于通过对一万余条中国古代经典名句意蕴的剖析，为人们的读写实践指点迷津，并提供“引经据典”的参考方便；但在名句意蕴解构的过程中，读者也许可以由此及彼而对博大精深的中国传统文化有个“管中窥豹”的粗略印象。“一滴水能折射出太阳的光辉。”透过名句，我们虽然不敢说能由此窥见博大精深的中国文化的深度，但最起码会给大家留下一点“浮光掠影”式的印象。

吴礼权

2008 年 4 月 8 日记于复旦园

凡　例

一、本丛书共收中国历代经典名句一万余条。入选的各名句，一般都是编者通过现代科技手段与互联网技术，在认真调查了其引用频率的基础上精选出来的。

二、本丛书所收名句依据特定的标准，共分为十二大类。每一大类又细分为若干小类。每一小类所收辞目，根据实际情况和“宁缺毋滥”的原则而多少不等。

三、辞目的编排，每一小类内的辞目编排顺序依据每一个辞目（即每一个名句）的第一个字的汉语拼音顺序依次编排。相同字头的辞目都集中于一起，排于其特定的音序位置上。第一个字与第二个字都相同的辞目，也依上述原则集中于一起，排于其特定的音序位置上。

四、每个辞目的编写体例是：首先列辞目（即名句），其次是“注释”，最后是“译文”和“点评”（句义没有难解之处，则没有译文）。即“辞目—注释—译文/点评”。

五、辞目的长度，一般是一句或两句。少数辞目考虑其意义的整体性，可能是三句、四句或更多。

六、注释的文字，包括名句的出处、生僻字词注音、难解字词的词义解释、古代汉语特殊句法结构的语法说明等四个部分。名句出处的标注，包括时代、作者、书名或篇名。成书时代难以确定的，则付之阙如。秦代以前的作品，统一以“先秦”概括，不细分为夏、商、周、春秋、战国等。这是考虑到有些作品的成书只能确定其大致时间，而难以具体指明何年何代，如《诗经》、《周易》、《尚书》等。作者不能确定的，也付之阙如。如《论语》、《孟子》等，并非孔子、孟子自己所编定，而是由他们的弟子或后人编定的，就不便注明作者。还有些作品是大家非常熟悉的，书名本身就表明了作者，则也不注明作者，如《老子》、《庄子》等。如果所引名句是著作中的，则注明书名和篇名或章节名。生僻字的注音，以汉语拼音方案的拼写规则标注声、韵、调。

七、译文/点评的文字，根据不同情况有不同的表现形式。主要有：①句意难于理解的，先列出白话译文，或是进行句意串讲，然后再对其内容进行阐发。②句意易于理解的，则略去译文或句意串讲，直接进行内容的阐发、点评。③有些名句运用到特定修辞方式的，则明确予以指出，并说明其表达效果。④有些写景的名句，不便用编者自己的观点框定读者，就以概括句意的形式简洁点拨，以便读者作“仁者见仁，智者见智”的解读发挥。⑤有些名句的语意后世在使用中发生语义变化的，则予以说明。⑥有些名句可以引申运用的，则予以说明。

八、《文学艺术》卷注有本丛书的条目索引，索引按照汉语拼音的音序排列，读者可以方便迅速地查阅到相关条目。

目　录

天地山水

岸明残雪在，潮满夕阳多。

【注释】出自唐·郎士元《送韩司直路出延陵》。

【译文/点评】此写残雪犹存映岸明、夕阳西下潮涨时的景象。

岸似双屏合，天如匹练开。

【注释】出自唐·白居易《夜入瞿塘峡》。练，白绢。

【译文/点评】此写瞿塘峡两岸之山似屏风、头顶之天恰似一匹白绢铺开之景。前句写两岸陡峭之状，后句写峡谷狭窄之貌。两句运用的都是比喻修辞手法，所以呈现出来的瞿塘峡陡狭情状就显得格外形象生动，予人的印象也非常深刻。

八月湖水平，涵虚混太清。

【注释】出自唐·孟浩然《临洞庭湖赠张丞相》。涵虚，指湖水涵容着天空的倒影。太清，指天空。

【译文/点评】前句写八月洞庭湖风平浪静、水面如镜之状，后句写洞庭湖碧空绿水、天光山色交映成趣之景。

白马岩中出，黄牛壁上耕。

【注释】出自明·费密《栈中》。

【译文/点评】此写栈道中所见山区景象：白马出没于山岩之间，黄牛耕作于峭壁之上。“白马”对“黄牛”，不仅对仗工整，还使诗句增添了色彩感。

白日依山尽，黄河入海流。

【注释】出自唐·王之涣《登鹳雀楼》。

【译文/点评】夕阳依山冉冉而落，黄河奔流咆哮而东。此乃诗人登楼所见的景象。两句十字虽都是平常用字，但所写出的景象却像一幅浓缩的画卷，让人有一种咫尺万里之感。其阔大的景象、辽远的视野、雄浑的气势，读之不禁让人心胸顿开，油然而生一种对祖国山河的热爱之情。

白云回望合，青霭入看无。

【注释】出自唐·王维《终南山》。回望，远望。合，指满布。青霭（ǎi），青色的雾霭。入，指走近。

【译文/点评】此写终南山远望白云满布，走近山顶则又雾霭顿消的景象。意谓终南山远望与近观景色各不相同。

苞物众者，莫大于天地；化物多者，莫多于日月。

【注释】出自先秦《管子·白心》。苞，同“包”，这里指“包容”之义。化，化育。莫，没有。

【译文/点评】能包容万物的，唯有天与地；能化育万物的，则非日月莫属。此言天、地、日、月之大，意在申述这样的宗旨：人类应该像天、地、日、月一样，要有包容一切的雅量。唯有大，方能容得下万物；反之亦然，有容乃大。

北望燕云不尽头，大江东去水悠悠。

【注释】出自宋·汪元量《湖州歌》。燕云，指来自北方的云。

【译文/点评】此写天上浮云无尽、地下大江东流的景象。天上之云与地上之水相映照，使云水融为一体，不尽的浮云与悠悠的流水两相辉映，使浮云更见飘逸之态，使流水更显悠悠之情。

奔涛振石壁，峰势如动摇。

【注释】出自唐·岑参《青山峡口泊舟怀狄侍御》。

【译文/点评】此写青山峡口两岸壁立、惊涛奔涌、声振山岳的气势。

碧天如水夜云轻。

【注释】出自唐·温庭筠《瑶瑟怨》。

【译文/点评】此写水天一色、浮云轻飘的夜景。

壁立千峰峻，潨流万壑奔。

【注释】出自唐·孟浩然《入峡寄弟》。壁立，像墙壁一样排列，形容山陡峭的样子。峻，高。潨（cóng），水流相会的地方。

【译文/点评】此写长江三峡两岸群山壁立高峻、万流汇合奔腾的壮观景象。

汴水流，泗水流，流到瓜洲古渡头，吴山点点愁。

【注释】出自唐·白居易《长相思》。汴水，唐代通济渠东端的一条河流。泗水，指流经山东泗水县的一条河流。瓜洲，在大运河汇入长江之处。吴山，指古代吴国的地区，即今江浙等一带。

【译文/点评】此写汴水、泗水流到瓜洲后与长江之水汇合，然后融入吴地隐隐青山之间的景象。“点点愁”，言青山之多，望之不尽，令人生愁。

苍山斜入三湘路，落日平铺七泽流。

【注释】出自元·揭傒斯《梦武昌》。苍山，指青山。三湘，指洞庭湖周围及湘江流域地区。七泽，指古代楚国诸湖泊及云梦古泽，此处代指众湖泊。

【译文/点评】苍山斜入通往三湘的路途之中，落日的余晖平铺于七泽水面之上。此写从武昌所见楚天楚地的壮阔景象。“斜入”，写苍山的连绵不断；“平铺”，写七泽之水的平静之状（有波浪则无平铺的视觉形象）。所写景象气势雄浑、视野辽阔，读之让人心胸顿开，情不自禁醉倒于楚山楚水之中。在形式上，“苍山”对“落日”，一青一红，色彩感非常强烈；“三湘路”对“七泽流”，一陆一水，概括性非常强。读来不仅音律优美，视觉对比感也非常强。

苍山隐暮雪，白鸟没寒流。

【注释】出自唐·刘长卿《题魏万成江亭》。苍山，指青山。

【译文/点评】此写傍晚远望所见青山隐于暮雪之中、白鸟飞于寒风之中的冬日景象。前句青山与暮雪映衬，色彩感特别强烈，因为青山是暖色，暮雪是寒色；后句白鸟与寒流（寒风）配合，鸟在风中，景也在风中，巧妙地交代了时间节令。前句写静景，后句写动景，动静结合，遂成就了一幅气韵生动的苍山暮雪白鸟图。

草色无空地，江流合远天。

【注释】出自唐·刘长卿《清明后登临眺望》。

【译文/点评】此写春日碧草满目、水天相连的景象。前句写草色无边，意在突出强调春天的勃勃生机与无限的生命力；后句写大江远去、水天相连，意在突出天地无限、宇宙无限的意旨。前句写静景，后句写动景，动静结合，不仅画面更为生动，而且气象也为之阔大起来。

长白峰高尘漠漠，浑河水落草离离。

【注释】出自明·陈子龙《辽事杂诗》。长白峰，即长白山，在吉林省与朝鲜接壤的边境地区。尘漠漠，指像烟尘一样灰蒙蒙看不清楚的样子。浑河，即小辽河，发源于辽宁省清源县。草离离，草茂盛的样子。

【译文/点评】前句写长白山远看烟雾缭绕、朦胧不清之景；后句写浑河水枯之时两岸杂草茂盛之状。前句写山、写雾；后句写水、写草。前句是远景，后句是近景。如此远近结合，山水相衬、雾草相映，就将辽东大地的苍茫辽阔之景鲜活地呈现于读者的眼前。同时，“尘漠漠”、“草离离”的意象，又暗示出诗人对明末辽东边事深深的忧虑与迷茫之情。

潮落晚洲出，浪罢沙成文。

【注释】出自南朝梁·江洪《江行诗》。洲，水中小块陆地。文，同“纹”。

【译文/点评】此写晚潮退去、小块沙洲露出水面，浪头过去，沙滩上留下浪迹波纹的景象。

潮落夜江斜月里，两三星火是瓜州。

【注释】出自唐·张祜《题金陵渡》。瓜州，即瓜洲，在今江苏邗江县南，濒临长江。

【译文/点评】此写夜深月斜，江水退潮，远望瓜洲，时有灯火的景象。

潮落犹如盖，云昏不作峰。

【注释】出自南朝陈·阴铿《晚出新亭》。犹如，就像。

【译文/点评】潮水退去之时浪花还像车盖一般大，天色昏暗之际难见浮云成峰之状。此写退潮与暮云的景象。

潮平两岸阔，风正一帆悬。

【注释】出自唐·王湾《次北固山下》。

【译文/点评】前句写长江潮平水静、岸野宽阔之景，后句写顺水行舟、心情舒畅之情。两句虽都是写景，但其意却是景中寓情，表达的是诗人驻舟北固山下欣赏长江之景的欢悦之情。此二句有时也可以引申运用，形容好的环境会使事情的进展非常顺利。

潮吞淮泽小，云抱楚天低。

【注释】出自金·党怀英《奉使行高邮道中二首》（其一）。淮泽，指淮河与高邮湖。楚天，指南方的天空。

【译文/点评】此写潮涨连湖平、云合天空低的景象。前句写淮河潮水涌入高邮湖的情景，表现的是淮水吞湖的壮阔场面。后句写浮云万里、天地相连的景象。前后两句配合，遂将河湖连成一片、天地融为一体，从而营构出一种阔大雄浑的境界，别带一种大金国雄视江南的气势。

池光天影共青青，拍岸才添水数瓶。

【注释】出自唐·韩愈《盆池五首》。

【译文/点评】此写盆池（小池）水清涵容碧天倒影，微风起处池水略起微澜的景象。前句写池水之清，后句写池水浪小。

池色净天碧，水凉雨凄凄。

【注释】出自唐·岑参《虢州郡斋南池幽兴因与阎二侍御道别》。

【译文/点评】此言池水之色使倒映于池中的碧天显得更为洁净，凄凄冷雨使池水显得更凉。前句写池水映碧天，后句写细雨池水凉。皆是运用映衬修辞手法，从而使池水与天色、细雨与池水形成对比，从而使所欲显现的形象更突出，即池水更清、天空更碧、细雨更冷、池水更凉。

初惊河汉落，半洒云天里。

【注释】出自唐·李白《望庐山瀑布水二首》（其一）。河汉，银河。

【译文/点评】此以银河落、云在天比喻庐山瀑布落差之大与颜色之白。二句皆是运用夸张修辞手法，意在突出强调，从而加深读者对庐山瀑布的印象。

楚国苍山古，幽州白日寒。

【注释】出自唐·刘长卿《穆陵关北逢人归渔阳》。

【译文/点评】此言楚地自古青山绿水，幽州地处北方边地，即使红日在天，也有寒意。意谓南方与北方在气候与景物上有很大的差异。

楚阔天垂草，吴空月上波。

【注释】出自唐·张蠙《和友人送赵能卿东归》。楚，指古楚国，即今湖南、湖北等区域。天垂草，指天地相连。吴，指古代吴国，即今江苏、浙江等区域。月上波，指月亮好像升起于水中。

【译文/点评】楚地地域广袤，放眼望去，天地相连；吴地天空辽阔，远望之下，月亮好像从水中升起。此写吴楚天地广阔的情形。

楚山横地出，汉水接天回。

【注释】出自唐·杜审言《登襄阳城》。

【译文/点评】此写登襄阳城楼所见之景：楚地之山拔地而起、横地而卧，汉水浩渺、迂回曲折而流，仿佛源自天边。

楚山全控蜀，汉水半吞吴。

【注释】出自宋·晁冲之《与秦少章题汉江远帆》。楚，指古楚国的区域。蜀，指刘备所建立的蜀国，此言川中之地。汉水，在今湖北，为长江支流。吴，指孙权建立的东吴，此言长江中下游地区。

【译文/点评】蜀国进出的要道全由楚国之山控扼，汉水流经的区域占了半个吴国。此言楚山的险要与汉水的浩大之势。

春江潮水连海平，海上明月共潮生。

【注释】出自唐·张若虚《春江花月夜》。

【译文/点评】前句写江流入海、海潮涨江、江海相连的雄宏之景，后句写明月在天、影随潮动的舒缓之景。前句表现的是波澜壮阔的意境，后句表现的是静闲优雅的情调，有张有弛，犹如一曲和谐的乐曲。

春山叶润秋山瘦，雨山黯黯晴山秀。

【注释】出自宋·杨万里《题黄才叔看山亭》。

【译文/点评】此写四种情景下不同的山色：春日之山青绿温润，秋天之山万木萧条，雨天之山幽暗深邃，晴天之山明朗清秀。

大壑随阶转，群山入户登。

【注释】出自唐·王维《韦给事山居》。壑，山沟、山谷。

【译文/点评】此二句的正常语序应是"阶转随大壑，入户登群山"，意谓居于山上，行走拾级而上需要转过深谷，登堂入室要翻越重重山峰。此乃写山居的环境及其辛苦的情状。

大江寒见底，匡山青倚天。

【注释】出自唐·白居易《题浔阳楼》。寒见底，指冬天江水清澈见底。匡山，指庐山。

【译文/点评】此写冬季江水清澈见底、庐山远望高耸入云的景象。

大江阔千里，孤舟无四邻。

【注释】出自南朝梁·朱超《舟中望月》。

【译文/点评】此以阔大之背景衬托孤微之事物，遂使大者更大、小者更小，两相衬托，便产生了强烈的对比反差效果，从而将诗人在异乡、舟中望月的孤寂无助感表达得淋漓尽致。

大江来从万山中，山势尽与江流东。

【注释】出自明·高启《登金陵雨花台望大江》。

【译文/点评】此写从雨花台所见长江流出于万山之中、山势随江水往东延伸的景象。前句写江水的来历，后句写山体的走向。“尽与江流东”，言山体走向与江流方向一致，由此山水相衬，更显江水浩荡与山体延伸的遒劲之势。

黛色浅深山远近，碧烟浓淡树高低。

【注释】出自唐·杨收《入洞庭望岳阳》。黛色，青黑色。

【译文/点评】山随着远近距离的不同而呈现出深浅不一的青黛色，树木高低不齐远望就像浓淡不一的绿色烟雾。此写山、树远望近看的不同形象。

淡扫明湖开玉镜，丹青画出是君山。

【注释】出自唐·李白《陪族叔刑部侍郎晔及中书贾舍人至游洞庭五首》。君山，洞庭湖内。

【译文/点评】此写洞庭湖水面如镜、湖中君山青翠如画的优美景色。

登高壮观天地间，大江茫茫去不还。

【注释】出自唐·李白《庐山谣寄卢侍御虚舟》。

【译文/点评】此以拟人修辞手法，写出了登临庐山远观长江浩浩东流、一去不返的壮观景象。“去”、“还”字本都是用以写人，这里用以写长江之水，乃是拟人修辞手法。

登山俯平野，万壑皆白云。身在白云上，不知云绕身。

【注释】出自宋·杨万里《中元日晓登碧落堂望南北山二首》。壑，山沟、山谷。

【译文/点评】此乃以折绕法极写南北山之高。欲说“山高”，却又不言“高”字，而以“身在白云上”予以反衬，曲折地将“山高”之意表达出来。

地拔双崖起，天余一线青。

【注释】出自明·潘问奇《金棺峡》。

【译文/点评】此以夸张修辞手法写金棺峡拔地而起、陡峭而狭的情状。

地到尽时天不断，人能来处鸟难过。

【注释】出自清·沈受宏《渡海》。

【译文/点评】此写大海的广大无边。前句直写，后句通过夸张予以强调。

地阔鸟飞迟，风寒马毛缩。

【注释】出自唐·刘长卿《赠别于群投笔赴安西》。

【译文/点评】此写塞外冬日天高地阔、风劲鸟飞缓、天寒马毛缩的景象。“鸟飞迟”，侧写塞外寒风之劲；“马毛缩”，暗写边塞天气之寒。

地暖花长发，岩高日易低。

【注释】出自唐·张子容《贬乐城尉日作》。日易低，指日落早、天黑得快。

【译文/点评】此言花发与气候、日落与山高的关系。

地平江动蜀，天阔树浮秦。

【注释】出自唐·杜甫《奉和严中丞西城晚眺十韵》。

【译文/点评】此写城上远眺所见蜀中景象：成都平原一望无际、蜀江震天动地流过城外，远望天阔无碍、远树之上便是秦地。前句写城上俯视所见，后句写城上远望之景。“蜀”、“秦”对举，既交代了蜀秦二地山水相连的地理特点，也暗示出登城所见视域之广。同时，也借景抒情，表达了诗人在“安史之乱”后人在蜀地，心系长安（唐都就在秦中）的家国之情。

地与山根裂，江从月窟来。

【注释】出自唐 · 杜甫《瞿塘怀古》。

【译文/点评】此写瞿塘峡两岸绝壁峭立、江水自上奔涌而下的景象。前句是比喻，写瞿塘峡从山中裂出的陡峭之状；后句是夸张，写瞿塘峡江水落差之大、水流之急。

东风气力尽，不减阴山雪。

【注释】出自唐 · 于濆《戍卒伤春》。东风，指春风。阴山，在今内蒙古境内，黄河河套之北。

【译文/点评】此言春风吹不散阴山之雪，意在强调阴山的寒冷之状。

东临碣石，以观沧海。水何澹澹，山岛竦峙。

【注释】出自汉 · 曹操《步出夏门行》（其一）。临，到、迫近。碣石，此指汉代右北平郡骊成县（今河北省乐亭县西南）西南之大碣石山。沧海，即大海，因海水色苍，故称沧海。澹澹（dàn dàn），水波起伏之貌。竦（sǒng），同“耸”，高起之状。峙，突起之貌。

【译文/点评】此乃曹操登临碣石山而见海波涌动、山岛耸峙之景，历来为人所传诵。

洞庭秋月生湖心，层波万顷如熔金。

【注释】出自唐 · 刘禹锡《洞庭秋月行》。

【译文/点评】此写洞庭湖月映湖心、波涛汹涌、水染月色的晚景。“层波万顷”，乃是夸张，意在突出洞庭湖水波涛汹涌之状；“如熔金”，乃是比喻，是描写月色映照湖水之色。

独上高楼云渺渺，天涯一点青山小。

【注释】出自宋·王诜《蝶恋花》。

【译文/点评】前句写仰视之景，突出表现的是天穹的幽深遥远的意旨，以“云渺渺”暗衬之。后句写远视之景，表现的是高楼之高与视野之广的意蕴，以“青山小”反衬之。由此，前后结合，遂将苍穹与远山连接到一起，使所写的景色画面顿时阔大起来，意境也随之而显得深邃辽远，让人有无穷的联想。

峨眉山月半轮秋，影入平羌江水流。

【注释】出自唐·李白《峨眉山月歌》。平羌，指平羌江，即青衣江。

【译文/点评】此写秋夜半轮残月高挂于峨眉山巅，月影、山影倒映江水之中的景象。前句写天上，后句写地下；前句写静态之景，后句写动态之声。由此，一幅秋夜山水残月图便活然而现。

翻飞千寻玉，倒泻万斛珠。

【注释】出自济南千佛寺濑玉泉亭联语。寻，古代长度单位，八尺为一寻。千寻，形容极长、极高。斛，古代度量单位，十斗为一斛。万斛，形容极多。

【译文/点评】此以珠玉比濑玉泉之色，以“千寻”、“万斛”夸张地表现出其涌出地面的水柱之高、水量之大。

泛泛东流水，磷磷水中石。

【注释】出自汉·刘桢《赠从弟三首》（其一）。泛泛，涧水畅流之状。磷磷，水中见石之貌。

【译文/点评】此写溪水悠悠、石出水中的景象。

飞流直下三千尺，疑是银河落九天。

【注释】出自唐·李白《望庐山瀑布》。

【译文/点评】此二句乃是写庐山瀑布的壮观景象。前句以夸张修辞手法，直写瀑布悬空而下的壮观气势。“飞”字状其从天而降之态；“直下”，状其陡直与落差之大；“三千尺”，极言瀑布高度之大。后句将飞流直下的瀑布比作是从九天落下的银河，这是比喻，也是夸张，不仅雄奇新异，而且生动形象，给人的印象极深。

分明峰头树，倒插秋江底。

【注释】出自唐·岑参《峨眉东脚临江听猿怀二室旧庐》。

【译文/点评】此写秋日江水澄碧、两岸峰顶之树影倒映入江的景象。通过山、树入水的影像，诗句便将山水融为一体。坚挺的峰头树融入秋江之水，便也带有些许的柔和色彩。由此，秋景便少了点伤感的色彩，而多了些温馨的气息。

分野中峰变，阴晴众壑殊。

【注释】出自唐·王维《终南山》。分野，指界域。壑，山沟。殊，不同。

【译文/点评】此写终南山中峰南北便属不同界域，山谷阴晴在同一时间内都有所不同。意在强调终南山之大与气候情况的复杂多样。

风清舟在鉴，日落水浮金。

【注释】出自唐·杜牧《金陵》。鉴，镜子。

【译文/点评】清风吹动，舟行水中就如在镜中一样；夕阳西下，水面洒满阳光就像浮动一层金光一样。前句描写水清而静之状，后句强调夕阳余晖之红。

风乍起，吹皱一池春水。

【注释】出自南唐·冯延巳《谒金门》词。

【译文/点评】此写风生水起的自然景象，却写得别有情趣。“皱”本是指人的皮肤运动的堆积，而词人却将风起而水起涟漪比作“皱”，这是将无情事物有情化，故格外新颖而引人兴味。正因为词句在将平常情物艺术化方面有常人所不及的独到之处，故历代为人所传诵。甚至在当时作者也因此名声大噪，以至南唐元宗李璟还特意当面向作者提及此句。陆游《南唐书·冯延巳传》记曰：“元宗尝因曲宴内殿，从容谓曰：‘“吹皱一池春水”，何干卿事?’延巳对曰：‘安得如陛下“小楼吹彻玉笙寒”之句?’”这虽是君臣互相吹拍之语，但确实也吹拍得有理由。

枫岸纷纷落叶多，洞庭秋水晚来波。

【注释】出自唐·贾至《初至巴陵与李十二白裴九迪同泛洞庭湖三首》(其二)。

【译文/点评】此写秋日湖岸枫叶纷纷而落、洞庭湖水淡淡生波的晚景。虽是写秋天萧杀之景，却色彩丰富（枫叶是红色，湖水是白色或绿色)，如诗如画。

峰峰带落日，步步入青霭。

【注释】出自唐·刘长卿《陪元侍御游支硎山寺》。霭(ǎi)，云雾。

【译文/点评】此写落日余晖洒群山、远山近峰烟雾中的景象。

峰攒望天小，亭午见日初。

【注释】出自唐·岑参《酬成少尹骆谷行见呈》。攒

(cuán)，聚在一起。亭午，正午。

【译文/点评】此写群峰叠嶂，人行山中视野受阻，直到正午才能见到头顶上的太阳的景象。意谓山高峰密。

浮天水送无穷树，带雨云埋一半山。

【注释】出自宋·辛弃疾《鹧鸪天》词。

【译文/点评】前句写春水江涨，浩荡无涯，两岸树木随水绵延，无穷无尽的景象；后句写远山隐隐，又被带雨之云遮去一半的朦胧景象。前句说“水送树”，后句言“云埋山”，都是拟人修辞手法，都是将非人的事物人格化，从而突显出水树相伴、云山相依的形象。从而极大地拓展了诗句所欲呈现的意境，更让人有回味无穷的空间。

高城眺落日，极浦映苍山。

【注释】出自唐·王维《登河北城楼作》。浦，水边。极浦，极远处的水边。苍山，青翠的山色。

【译文/点评】此写登城远望所见青山映绿水的山水远景。

高峰夜留景，深谷昼未明。

【注释】出自唐·孟郊《游终南山》。

【译文/点评】此写终南山之谷深山高及其幽明不同的情景：夜幕降临，高峰之上还有落日的余晖；旭日东升，阳光普照大地，幽谷尚处黑暗之中。

隔岸忽沉灯数点，如山涌到雪千盘。

【注释】出自清·吴锡麒《观夜潮》。

【译文/点评】此写钱塘江夜晚涨潮将对岸映入水中的几点灯火淹掉，潮涨之时浪花似雪、浪头如山的景象。“如山涌”是比喻，“雪千盘”是夸张，都是描写钱塘潮的壮观形象。

亘地黄河出，开天此一门。

【注释】出自明 · 顾绛《龙门》。亘（gèn），横贯。

【译文/点评】此写黄河龙门横空出世、壁立陡峭，如同天斧劈出的神奇之状。

谷静秋泉响，岩深青霭残。

【注释】出自唐 · 王维《东溪玩月》。霭，云雾。

【译文/点评】前句写山谷幽静之态，但不直写，而是以“秋泉响”来反衬；后句写山岩深邃之状，但不直说，而以“青霭残”来反衬。这是以“烘云托月”法来写景的，通过对比效应突显所要表达的主旨：谷静、岩深。

广泽生明月，苍山夹乱流。

【注释】出自唐 · 马戴《楚江怀古》五律三章其一。广泽，指洞庭湖。

【译文/点评】此二句乃写景名句。“广泽生明月”，写的是浩瀚的洞庭湖水波不兴，天上明月朗照，水中倒影映漾；“苍山夹乱流”，写的是洞庭湖周围的山色与众流汇入湖中、奔腾不息的景象。前句写静，后句写动。两句动静结合，写出了一幅动中有静、静中有动的月夜、山湖、江流浑然一体的风景画，让人不禁为之陶醉，浮想联翩。同时，也让人由此及彼，联想到张九龄的“海上生明月，天涯共此时”（《望月怀远》）、杜甫的“星垂平野阔，江入大荒流”（《旅夜书怀》）等名句所描写的景象。

过雨看松色，随山到水源。

【注释】出自唐 · 刘长卿《寻南溪常山道人隐居》。

【译文/点评】雨后松色更翠绿、入山方知水之源。此写雨后进山所见所感。

海上涛头一线来，楼前指顾雪成堆。

【注释】出自宋·苏轼《望海楼晚景》。涛头，浪头。指顾，指点顾盼之间，形容极短的时间之内。

【译文/点评】此写海浪由远而近、迅速形成巨大波浪的景象。“一线来”，是写海浪由远而近、由小而大的生成过程；“雪成堆”，是比喻修辞手法，形容浪头如堆、颜色如雪。

海曙云浮日，江遥水合天。

【注释】出自宋·魏庆之《诗人玉屑》引唐人刘沧诗句。

【译文/点评】此写海上曙光初露，太阳升起于海平面之上，就像是被浮云托起一般；汇入大海的江水则遥遥远来，形成水天相连的景象。此写旭日升海上、江天遥相合的景象，气象极其阔大，画面也非常丰富，有海、有江、有云、有朝霞、有天、有朝阳，天地相融，江海相连，云蒸霞蔚，读之令人情不自禁地生发出无限的联想与回味。

寒江流甚细，有意待人归。

【注释】出自唐·杜甫《夜宿西阁呈元二十一曹长》。

【译文/点评】冬天江水枯少，水流变细，这是正常的自然现象。但是，诗人却认为江流变细是在有意等待游子归来。这是运用拟人修辞手法，将江流人格化，从而突出江流亦有情的意旨。

寒来则暑往，暑往则寒来。

【注释】出自南朝宋·范晔《后汉书·郎顗传》。则，那么、就。

【译文/点评】寒冷来临，那么暑热就要过去；暑热来临，寒冷的天气就要降临。此言寒暑交替、四时更迭的自然规律。

寒泉飞流，异竹杂华，回映之处，似藏人家。

【注释】出自唐·元结《九疑山图记》。寒泉，冰凉的泉水。华，同“花”。

【译文/点评】此写九疑山中泉水飞流、花竹间杂、峰回路转、时见人家的景象。

汉口夕阳斜渡鸟，洞庭秋水远连天。

【注释】出自唐 · 刘长卿《自夏口至鹦鹉洲夕望岳阳寄源中丞》。

【译文/点评】前句写眼前汉口鹦鹉洲夕阳飞鸟之景，后句写想象中的洞庭湖秋水连天的景象。

汉水天一色，寺楼波底看。

【注释】出自唐 · 岑参《陪群公龙冈寺泛舟》。

【译文/点评】此写晴空、寺楼投映于汉水之中所形成的水天一色、寺映波底的景象。

好峰随处改，幽径独行迷。

【注释】出自宋 · 梅尧臣《鲁山山行》。

【译文/点评】此写鲁山移步换景、幽径迷人的景象。

浩浩汤汤，横无际涯。

【注释】出自宋 · 范仲淹《岳阳楼记》。浩浩汤汤(shāng)，指水势浩大汹涌的样子。横，此指广阔。际涯，边际。

【译文/点评】此写洞庭湖水势浩大、广阔无边的景象。

河源怒触风如刀，剪断朔云天更高。

【注释】出自唐 · 温庭筠《塞寒行》。河源，指黄河的发源地。朔，指北方。

【译文/点评】此写黄河河源地区风寒风急，吹散了北方的浮云，使天空显得更朗更高。前句比喻与拟人的修辞手法并用，以“怒触”比黄河河水的咆哮奔涌之状，以“刀”喻河源之风的快与寒。后句运用拟人修辞法，将风人格化，用“剪断”写朔风吹云的情状，生动而形象，予人以丰富的联想。

横看成岭侧成峰，远近高低各不同。

【注释】出自宋·苏轼《题西林壁》。

【译文/点评】此写庐山从不同角度看有不同形态的美。此句引申之，也可以比喻对某一个问题或事物的看法，从不同的角度看会有不同的结果。

横空过雨千峰出，大野新霜万叶枯。

【注释】出自唐·耿湋《九日》。

【译文/点评】此写深秋时节（重阳节）秋雨洗长空、众峰现峥嵘、旷野望无边、秋霜万树枯的景象。虽然画面写的是深秋萧瑟之景，但诗人运用夸张修辞手法，以“千峰出”、“万叶枯”来写远山与近树，气象非常阔大，因而整个画面并不给人以苍凉之感，而是让人对秋日之景别有一种感受。

红叶醉秋色，碧溪弹夜弦。

【注释】出自唐·湘驿女子《题玉泉溪》。

【译文/点评】此乃描写红叶、溪水之句。前句以拟人修辞手法描写枫叶红如醉汉之脸的形象；后句以比喻修辞手法，将溪水潺潺之响比为弹琴之声。前句写视觉形象，后句写听觉形象，两相结合，使人有如临其境、如见其形、如闻其声的现场感。

湖光秋月两相和，潭面无风镜未磨。

【注释】出自唐·刘禹锡《望洞庭》。和，交融。镜未磨，指水面像未磨的铜镜，有点朦胧之感。

【译文/点评】此写洞庭湖秋夜水波不兴，明月与湖光相交融，别有一番朦胧之美的景象。

湖光写出千峰秀，天影融成十里秋。

【注释】出自宋 · 杨时《望湖楼》。写出，此指映现。天影，天空投入水中的倒影。

【译文/点评】此写湖水映群峰、秋色融天影的秋日景象。

湖清霜镜晓，涛白雪山来。

【注释】出自唐 · 李白《送友人寻越中山水》。

【译文/点评】前句写湖水清澈如镜，后句写波涛如雪山奔涌。二句皆是运用了比喻修辞手法，使所写湖水、波涛的形象显得异常生动。

湖上一回首，青山卷白云。

【注释】出自唐 · 王维《欹湖》。

【译文/点评】此写泛舟湖上所见白云绕浮于青山之顶的景象。画面中有山、有云，也有水（湖），颜色则有绿、有白，视觉的对比非常鲜明。同时，还富有动感，“卷”字可谓一字传神。

湖天一种色，林鸟百般声。

【注释】出自唐 · 刘长卿《喜晴》。

【译文/点评】此写雨过天晴、水天一色、百鸟欢唱的景象。

花外鸟归残雨暮，竹边人语夕阳闲。

【注释】出自唐 · 赵嘏《赠李从贵》。

【译文/点评】此写暮雨渐歇、花落鸟归，夕阳依山、人语竹边的景象，表现的是一种冲淡自然的情调。

华岳眼前尽，黄河脚底来。

【注释】出自唐·吴融《出潼关》。华岳，华山。

【译文/点评】此写从潼关远眺所见华山、黄河的雄伟景象。“眼前尽”，言出潼关后华山渐渐从视野中隐去；“脚底来”，言从潼关看黄河的印象，强调潼关之高。

黄河九曲流，缭绕古边州。

【注释】出自唐·卢纶《送郭判官赴振武》。

【译文/点评】此写黄河围绕古代边界曲折流淌的情景。“九曲”是夸张，意在强调黄河河道弯曲的程度。

黄河九曲天边落，华岳三峰马上来。

【注释】出自明·黄滋《送李佑之赴陕西参议》。华岳，指华山。三峰，指华山的莲花、仙人掌、雁落三峰。

【译文/点评】前句写登华山远望黄河源远流长、曲折东流的壮观之景；后句写从马上看迎面而来的华山三峰的雄伟之状。“九曲”、“天边落”，皆是夸张之辞。前者极言黄河曲折前进的路线；后者极言黄河源头的遥远无际。前句写黄河，后句写华山，山河相衬，于对比中愈显黄河之辽阔苍远，愈显华山之高大雄奇。山河相映，相得益彰。

黄河落天走东海，万里写入胸怀间。

【注释】出自唐·李白《赠裴十四》。写，同“泻”。

【译文/点评】前句写黄河飞流直下、浩浩荡荡奔向大海的气势；后句写诗人胸容万里的阔大胸襟。以景抒情，以情衬景，在写黄河的气势中映现诗人胸襟气度，在诗人气度胸襟里突显黄河的壮阔景象。

黄河万里触山动，盘涡毂转秦地雷。

【注释】出自唐·李白《西岳云台歌送丹丘子》。山，此指华山。毂（gǔ），车轮中心的圆木，可以插轴。盘涡毂转，指水流形成的漩涡就像车轮飞转一样。秦地，指古代秦国所在的区域，此指西岳华山一带。

【译文/点评】前句用夸张修辞手法，写黄河的源远流长与水势浩大、撼动华山的气势；后句用比喻与夸张修辞手法，描写黄河水流湍急的形貌与水声如雷、震动三秦大地的气势。

黄河西来决昆仑，咆哮万里触龙门。

【注释】出自唐·李白《公无渡河》。决，冲开。

【译文/点评】此写黄河从昆仑山发源，由西到东奔出龙门峡的气势。“决昆仑”与“咆哮万里”，都是夸张修辞手法，意在突出强调黄河水势的浩大。

黄河远上白云间，一片孤城万仞山。

【注释】出自唐·王之涣《凉州词》。仞，长度单位，古代以七尺或八尺为一仞。

【译文/点评】前句写黄河的源远流长，气势磅礴，犹如出自云端，比喻之中有夸张，构成了一幅苍茫辽阔的远景；后句则是近景特写。“片”、“孤”、“万仞”三词，“扩大夸张”与“缩小夸张”并用相形，突出了此城之孤危。两句都采用了由下向上仰视的视角，有力地凸显了黄河河源之辽远，所守之城之孤危。地僻辽远，城之孤危，因果关系非常清楚。由此，就为下面两句“羌笛何须怨杨柳，春风不度玉门关”作了铺垫，边地之苦寒，征人乡思离情之悲，也就益发得以强化了，由此叩动了千古以降无数人的心弦。

涧底百重花，山根一片雨。

【注释】出自北周·庾信《游山》。涧底，山谷。山根，山脚。

【译文/点评】此写春天山涧百花盛开、山脚细雨飘飞的景象。

涧水无声绕竹流，竹西花草弄春柔。

【注释】出自宋 · 王安石《钟山绝句二首》（其一）。弄春柔，此指花草在春风中摇曳生姿的样子。

【译文/点评】此写溪水绕竹无声流去、风拂花草摇曳生姿的景象。

江碧鸟逾白，山青花欲燃。

【注释】出自唐 · 杜甫《绝句二首》（其二）。

【译文/点评】此二句写江、鸟、山、花，皆不直写本体，而是用两两对比之法，在互衬互映中写出各自的特点。“江碧”与“鸟白”相比对，使江水之澄碧、鸟羽之洁白相形之下更觉其碧、白的本色；“山青”与“花红”相映衬，使青山与红花显青者更青、红者更红，色彩更加鲜明。由此，在两句十字中 ，不仅写出了四种景物，而且使四种色彩完美地结合在一起，构成了一幅和谐、优美的花鸟山水怡情图。

江带峨眉雪，川横三峡流。

【注释】出自唐 · 李白《经乱离后天恩流夜郎忆旧游书怀赠江夏韦太守良宰》。

【译文/点评】此写峨眉山积雪夏季融化而流入长江三峡的景象。

江间波浪兼天涌，塞上风云接地阴。

【注释】出自唐 · 杜甫《秋兴八首》。兼天，连天。

【译文/点评】此写秋天江水波浪翻涌、震天动地与来自北方（塞上）的风云遮天蔽日的景象。“兼天涌”，言波浪之高；“接地阴”，指阴云之笼罩四野。二者都是运用夸张修辞手法，意在突出强调，以期给人留下深刻印象。

江流天地外，山色有无中。

【注释】出自唐·王维《汉江临泛》。

【译文/点评】此二句乃是写汉江及其两岸风光。前句写汉江之水的源远流长，后句写汉江两岸青山时隐时现、苍茫悠远之状。看似淡淡的笔墨，却勾勒出一幅意境优美的山水画卷。“天地外”，言江水流得极远；“有无中”，写远山若隐若现之貌，突出的也是一个“远”字。两句虽然分写山与水，但都突出了一个“远”字。妙的是，句中有“远”意，字面无“远”字，这便是中国传统文学所推崇的“不著一字，尽得风流”的境界。

江流有声，断岸千尺，山高月小，水落石出。

【注释】出自宋·苏轼《后赤壁赋》。

【译文/点评】此乃苏轼月夜所见长江赤壁段的景象。短短十六字，江水、断岸、高山、明月、暗石俱在，有声有色（江流之声、明月之色），有起有伏（潮落、石出），内涵非常丰富，意象极其阔大，犹如一幅咫尺万里的图画，令人叹为观止。

江山留胜迹，我辈复登临。

【注释】出自唐·孟浩然《与诸子登岘山》。

【译文/点评】此言乃是表达诗人感激大自然与山水胜迹对人类精神的慰藉之情。

江上柳如烟，雁飞残月天。

【注释】出自唐·温庭筠《菩萨蛮》词。

【译文/点评】此写拂晓时分江雾蒙蒙、柳色如烟、雁飞在天、月残将落的景象。

江云漠漠桂花湿，海雨翛翛荔子然。

【注释】出自宋·苏轼《舟行至清远县见顾秀》。漠漠，此指浓厚的样子。翛翛（xiāo），即“潇潇”，雨声。荔子，即“荔枝”。然，通“燃”。

【译文/点评】此写江云密布、雨湿桂花，海风吹雨、荔枝花红的景象。

江作青罗带，山如碧玉簪。

【注释】出自唐·韩愈《送桂州严大夫同用南字》。

【译文/点评】此写桂林山水之美：江水碧绿，犹如一条罗带蜿蜒飘动；山峰高耸，犹如一根根碧玉之簪映入眼帘。

锦江春色来天地，玉垒浮云变古今。

【注释】出自唐·杜甫《登楼》。锦江，江名，在今四川成都附近。玉垒，山名，在今四川灌县西。

【译文/点评】此写登楼所见之景：锦江春色充溢天地之间，玉垒浮云绕顶、变幻无穷。

锦江滑腻蛾眉秀，幻出文君与薛涛。

【注释】出自唐·元稹《寄赠薛涛》。锦江，在今四川成都附近。滑腻，此指江水光洁之貌。蛾眉，即峨眉山。幻出，变化出。文君，指西汉临邛（今四川邛崃）人卓文君，曾琴心挑动著名文学家司马相如，并与之私奔。薛涛，唐代著名的女诗人。

【译文/点评】此言四川的山水好，才孕育出卓文君与薛涛这样有灵气的杰出女子。

惊涛来似雪，一坐凛生寒。

【注释】出自唐·孟浩然《与颜钱塘登障楼望潮作》。凛（lǐn），寒冷。

【译文/点评】此写钱塘江潮涨起之时，白色的浪头就像雪一样，令坐在楼上观潮水之人顿生一种不寒而栗的感觉。意在强调钱塘江潮的壮观。

惊涛乱水脉，骤雨暗峰文。

【注释】出自唐·卢照邻《巫山高》。水脉，指水流的路线。骤雨，急雨、暴雨。峰文，山峰的轮廓。

【译文/点评】前句言三峡波涛汹涌，水流没有正常的流淌路线；后句写暴雨来临，天昏地暗，巫山顿然轮廓不清的景象。

惊涛拍岸，卷起千堆雪。

【注释】出自宋·苏轼《念奴娇》词。

【译文/点评】此以夸张与比喻修辞法写长江波涛汹涌的情状，气势雄浑，给人的印象非常深刻。“千堆雪”，其“千堆”是夸张，言其浪峰之多；“雪”是比喻，是写波浪颜色之白。

镜湖俯仰两青天，万顷玻璃一叶船。

【注释】出自宋·陆游《渔父》。

【译文/点评】此写镜湖湖水清澈、湖面开阔、水天一色的景象。前句写水清，青天映于湖水之中，与天上的青天相呼应，故给人“两青天”之错觉；后句言水面的开阔与湖水的洁白，“一叶船”，是比喻，将船比作一片树叶，意在对比中突出强调湖面的广阔。“万顷”，是夸张，直言湖面的宽广。“玻璃”，是比喻，言湖水的洁白透明。

九华山路云遮寺，清弋江村柳拂桥。

【注释】出自唐·杜牧《宣州送裴坦判官往舒州时牧欲赴官归京》。九华山，在今安徽青阳县西南。清弋江，在今安徽省宣城县西。

【译文/点评】前句写远望九华山佛寺与山路尽在云雾之

中，意在突出强调九华山之高峻。后句写清弋江周边村庄杨柳拂桥之景，表现的是近观之景。如此远近结合，遂将九华山与清弋江、山路与佛寺、江村与柳桥等都连成一体，由此使诗句所建构的画面有了纵深感，意境显得更为开阔。

九曲黄河万里沙，浪淘风簸自天涯。如今直上银河去，同到牵牛织女家。

【注释】出自唐·刘禹锡《浪淘沙九首》（其一）。

【译文/点评】此写黄河源远流长、积沙极多以及飞沙漫天的景象。

举头红日近，回首白云低。

【注释】出自宋·寇准《华山》。

【译文/点评】前句写仰视所见，以距离太阳之近反衬华山之高；后句写俯瞰所见，以人在云中突显华山的高耸入云。

举头日月中天近，极目乾坤五岳低。

【注释】出自宋·徐范《过太行山》。乾坤，天地。五岳，指东岳泰山、南岳衡山、西岳华山、北岳恒山、中岳嵩山。

【译文/点评】此以夸张修辞手法写太行山之高。前句写山顶离中天、日月之近，后句言放眼天地之间五岳相形而显低，从而突出强调了太行山之高峻。

君不见黄河之水天上来，奔流到海不复回。

【注释】出自唐·李白《将进酒》。

【译文/点评】此以夸张修辞手法写黄河源头之高远及奔流到海的壮观气势。

可惜不当湖水面，银山堆里看青山。

【注释】出自宋·黄庭坚《雨中登岳阳楼望君山二首》

（其二）。银山，指白色的浪花。青山，此指洞庭湖中的君山。

【译文/点评】此言不能坐船到湖中，在风浪之中眺望洞庭湖中的君山的遗憾之情。后句以比喻修辞手法写浪花，既写出了湖水之白，又写出了浪头之高。

空山不见人，但闻人语响。返景入深林，复照青苔上。

【注释】出自唐·王维《鹿柴》。但，只。返景，夕阳返照的余晖。

【译文/点评】此写山中静谧自然的情态。第一句的“不见人”与第二句的“人语响”，是通过反衬手法突显山中之静，是以动显静。第三、四句写夕阳余晖返照林中青苔之上的细节，意在描写山中原始的自然状态，突出的也是一个“静”字。

空山新雨后，天气晚来秋。

【注释】出自唐·王维《山居秋暝》。

【译文/点评】此写秋日傍晚一场秋雨之后山中空气为之一新的情景。虽是平实的叙事，却让人有身临其境之感，仿佛体认到了山中落叶飘零、秋风瑟瑟、秋雨寒人的情境。“空山”，言秋来叶落，青山显得空疏。

旷野看人小，长空共鸟齐。

【注释】出自唐·岑参《酬崔十三侍御登玉垒山思故园见寄》。

【译文/点评】前句写旷野之广阔，以“人小”为衬而突显之；后句写天空之澄碧，以“鸟齐”的视觉效果而暗示之。前句是远望之景，写的是大地；后句是仰望之景，写的是长空。前后配合，于是天与地、旷野与长空便浑然一体地交融起来，构成了一幅生动的风物图轴。

浪花有意千里雪，桃李无言一队春。

【注释】出自南唐 · 李煜《渔父》。

【译文/点评】前句写船行水上激起的浪花很高，就像千里相随的雪花；后句写两岸桃李成行，就像列队的景象。

浪生湓浦千层雪，云起炉峰一炷烟。

【注释】出自唐 · 来鹄《宛陵送李明府罢任归江州》。湓浦，长江在九江附近的一个支流。炉峰，指庐山。

【译文/点评】此以比喻修辞手法写江浪汹涌雪白、庐山烟云笼罩的景象。

笠泽茫茫雁影微，玉峰重叠护云衣。

【注释】出自宋 · 姜夔《除夜自石湖归苕溪》。笠泽，指吴淞江，在今上海和江苏境内。玉峰，指积雪的山峰。云衣，指云雾。

【译文/点评】此写江水茫茫、雁影微渺，山岭积雪、云雾绕峰的冬日景象。

连峰去天不盈尺，枯松倒挂倚绝壁。

【注释】出自唐 · 李白《蜀道难》。去天，离天。盈，满。

【译文/点评】此以夸张修辞手法极言出入蜀中群山之高耸险峻之状，令人对出入蜀中之不易有深刻印象。

两岸青山相对出，孤帆一片日边来。

【注释】出自唐 · 李白《望天门山》。

【译文/点评】前句以拟人修辞手法，是将青山人格化，以一个“出”字写活了天门山渐行渐近、映入眼帘的动态情状，形象生动。后句以“日边来”暗示舟行来自下游，以“一片”暗示江面之阔。由此，构拟了一幅天门山张开双臂欢迎来自日边帆船的图画。在这幅图画中，既有青山，也有红日；既有船，也有人；既有“青山相对出”，又有“人从日边来”，画面色彩丰富，动中有静，让人情不自禁想进入画中，身临其境。

潦水尽而寒潭清，烟光凝而暮山紫。

【注释】出自唐·王勃《滕王阁序》。潦水，积水。烟光，指雾气。

【译文/点评】深秋之时积水退去，潭水显得格外清澈；黄昏时分雾气升腾，远山都变成了紫色。此写秋水、暮山的形象。

蓼岸风多橘柚香，江边一望楚天长。

【注释】出自五代·孙光宪《浣溪沙》。蓼（liǎo），一年生或多年生草本植物，花小，白色或浅红色，生长于水边。楚天，指古楚国的天空，即今长江中游的湖南湖北区域。

【译文/点评】此写江岸水蓼密布、风吹橘柚飘香，江面一望无际、楚天辽阔高远的景象。

林断山更续，洲尽江复开。

【注释】出自南朝齐·王融《江皋曲》。洲，水中的陆地。

【译文/点评】此写一山过后又一山，小洲过尽江更阔的景象。与宋人陆游的诗句“山重水复疑无路，柳暗花明又一村”有异曲同工之妙。

林疏放得遥山出，又被云遮一半无。

【注释】出自宋·赵师秀《数日》。遥山，远山。

【译文/点评】此言林密视线被遮，偶因林疏处望得远山之影，却又被浮云遮去一半。意谓山远林密、浮云遮目。

鳞鳞远峰见，淡淡平湖春。

【注释】出自唐·李颀《寄镜湖朱处士》。鳞鳞，同“嶙嶙”，指山势起伏不平的样子。

【译文/点评】此写远山连绵起伏、平湖烟波淡淡的春日景象。

灵山多秀色，空水共氤氲。

【注释】出自唐·张九龄《湖口望庐山瀑布泉》。灵山，此指庐山。空水，从空而降的水，指瀑布。氤氲（yīn yūn），烟雾弥漫的样子。

【译文/点评】此写庐山山色秀美、瀑布烟雾弥漫的景色。

流水如有意，暮禽相与还。

【注释】出自唐·王维《归嵩山作》。如，好像。相与，一起。

【译文/点评】此写傍晚时分流水依依、倦鸟归巢的景象。但由于诗人以拟人修辞手法表现之，使流水与归鸟都有了人的情感情绪色彩：流水有不舍之意，鸟儿与主人同归。于是，平常的写景叙事便顿然神采飞动起来。

楼观岳阳尽，川迥洞庭开。

【注释】出自唐·李白《与夏十二登岳阳楼》。川，此指长江。迥（jiǒng），远。

【译文/点评】此写登临岳阳楼所见景象：眼底岳阳景色一览无遗，眼前洞庭风光尽收眼底，远处长江海波远去。

楼下长江百丈清，山头落日半轮明。

【注释】出自唐·杜甫《越王楼歌》。

【译文/点评】此写长江宽阔、江水澄碧，夕阳西下、半轮衔山的景象。

楼倚霜树外，镜天无一毫。

【注释】出自唐·杜牧《长安秋望》。

【译文/点评】前句写楼高，以“树外”暗示之，同时也交代了所写景色的时节为深秋，有“霜”字表现之。后句写秋日天高气爽、碧空如洗、明亮如镜的景象。前句写远视之景，后句写仰望之景，前句写地上，后句写天上，如此前后配合，便将天地、楼树连接在一起，从而交织成一幅生动的秋日风物图画。

庐山东南五老峰，青天削出金芙蓉。

【注释】出自唐·李白《望庐山五老峰》。

【译文/点评】此写庐山五老峰的陡险与秀丽之貌。“削出”，言五老峰之陡险就像刀削出的一样；“金芙蓉”，言五老峰的秀丽就像盛开的金色莲花一般。

路危行木杪，身远宿云端。

【注释】出自唐·杜甫《移居公安山馆》。危，高。木杪（miǎo），树梢。

【译文/点评】此言山路如在树梢，身远如在云端，意在强调山高与山馆位置偏远之意。

绿树偏宜屋角遮，青山正补墙头缺。

【注释】出自元·马致远《双调夜行船·秋思》。

【译文/点评】此写绿树生屋角、青山正对墙的景象。不经意的写景，却显得恬淡自然，意趣无限，恰如一幅内涵丰富的风景画。

绿水逶迤去，青山相向开。

【注释】出自唐·张说《下江南向夔州》。逶迤（wēi yí），曲折而延续不绝的样子。相向，相对。

【译文/点评】此写从长江上游顺流直下所见之景：碧绿的江水顺着曲折的河道蜿蜒而下，两岸青山就如门户相向对峙。

落木千山天远大，澄江一道月分明。

【注释】出自宋·黄庭坚《登快阁》。

【译文/点评】此写群山落叶萧萧、天穹辽阔茫茫、江水澄澈清碧、明月朗照在上的秋夜景象。前句写天与山，后句写月与江；前句是远望与仰视所见，后句是俯视与仰望所见。如此多角度的配合，遂将天与地、山与水、树与月等诸象都统摄于其中，从而交织成了一幅生动的秋夜江月山水图。

落日千帆低不度，惊涛一片雪山来。

【注释】出自明·李攀龙《送子相归广陵》。低不度，指船降帆停泊不走。

【译文/点评】此写夕阳西下、众船停泊，江涛涌起、其高如山、其白如雪的景象。“千帆”，即千船，是借代，以“帆”代“船”。“千帆”，也是夸张，言船多，并非实指。“雪山”，是比喻，描写波浪之高与浪花之白。前句写落日与停船，是静景之中有动景，“低不度”的“千帆”为静，“落日”是动。动静结合，遂使动者益动，静者益静，对比效果非常明显。后句写波涛，着重的是它的形状与颜色，形象感非常强。另外，以“一片”与“雪山”搭配，只及“一片”而不及其余，乃是反衬之法，意在“窥一孔而知全豹”，突显整个江中波涛汹涌之状。

漫漫平沙走白虹，瑶台失手玉杯空。

【注释】出自宋·陈师道《十七日观潮三首》之一。白虹，指白色的波涛。瑶台，传说中神仙的住处。

【译文/点评】漫长沙滩上涌起的一线波涛，就像天边的一道白虹；巨大的浪头就像瑶台仙人失手打翻了玉杯倾顶而下。此以比喻修辞手法写潮水奔腾翻滚的形象。

密林含余清，远峰隐半规。

【注释/点评】出自南朝宋·谢灵运《游南亭》。余清，指雨后的清凉之气。半规，指半个太阳。

【译文/点评】此写雨后密林透清凉、远峰隐半日的景象。

沔彼流水，朝宗于海。

【注释】出自先秦《诗经·小雅·沔水》。沔（miǎn），水满的样子。沔水，汉水的上流，在今陕西省。朝宗，归往。本意指诸侯朝见天子。《周礼·春官大宗伯》："春见曰朝，夏见曰宗。"

【译文/点评】沔水浩荡东入海，如同诸侯朝天子。后世成语"百川归海"，即源于此。今日我们所说"水流千里归大海"，也是此意。

明湖映天光，彻底见秋色。

【注释/点评】出自唐·李白《秋登巴陵望洞庭》。彻底，指湖水清澈见底。

【译文/点评】此写秋日的洞庭湖清澈见底、天光山色倒映水中的景象。

明月秋风洞庭水，孤鸿落叶一扁舟。

【注释】出自唐·贾至《初至巴陵与李十二白裴九同泛洞庭湖三首》（其一）。鸿，大雁。

【译文/点评】此写月夜泛洞庭所见之景：明月在天、秋风在耳、孤雁掠空、落叶萧萧、扁舟在湖。两句所写景象非常丰富，但句中没有一个虚词，全以名词并置叠砌成句，荡开语法与逻辑的规约，使各名词所表现的景象就像一个个独立的画面，更像一个个各不相同的分镜头。由此，构成了如同电影"蒙太奇"式的生动画面，让人回味无穷。这是运用了"列锦"修辞手法的效果。

明月松间照，清泉石上流。

【注释】出自唐·王维《山居秋暝》。

【译文/点评】此写山间静谧安宁的境界与纯粹天然的情趣。“明月松间照”，言山中只有明月、青松，意谓夜静无人；“清泉石上流”，言泉水石上流过有声，意谓别无他声。二句旨在写山中夜晚静谧安宁、万籁无声的意境，但字面上却没有一个“静”字，只是通过两个景物描写的细节暗寓出这层旨意，可谓达到了中国传统文学所追求的“不著一字，尽得风流”的最高境界。

莫言下岭便无难，赚得行人错喜欢。正入万山圈子里，一山放出一山拦。

【注释】出自宋·杨万里《过松源晨炊漆公店》。

【译文/点评】此写群山无数、山行辛苦之状。诗以拟人修辞手法表达，以“赚”、“拦”等人的动作行为来写山，使艰苦漫漫的山行增添了诗意与情趣，读之也令人有愉悦之感。

木落知寒近，山长见日迟。

【注释】出自唐·孙逖《淮阴夜宿二首》。山长，指山高。

【译文/点评】此言落叶可知秋、山高日出迟的道理。

南山塞天地，日月石上生。

【注释】出自唐·孟郊《游终南山》。

【译文/点评】前句以“塞天地”的夸张之辞，极言终南山之高峻；后句以“石上生”形容日月升起的方位，是折绕地夸说终南山的广大无边，看不到日月真正升起的所在。

南山与秋色，气势两相高。

【注释】出自唐·杜牧《长安秋望》。南山，即终南山。

【译文/点评】此言终南山之美与秋色之美互相映衬，相得益彰。终南山高峻雄拔之美是可以看见的，但秋色之美则是抽象的。那么，如何写出秋色之美，表达出诗人对秋天的喜爱之情呢？诗人通过有形的南山与秋色相联系，使人作由此及彼的联想，就将所要呈现的秋色之美表现出来，让人思而得之，韵味无穷。

南轩面对芙蓉浦，宜风宜月还宜雨。

【注释】出自宋·陈与义《菩萨蛮》。南轩，南窗。

【译文/点评】此写芙蓉浦的风景宜人之状：推开南窗，不管是浦上之风，还是浦上升起的一轮明月，或是浦上的蒙蒙细雨，都是那么富有诗意，那么让人心旷神怡。

鸟道挂疏雨，人家残夕阳。

【注释】出自唐·钱起《太子李舍人城东别业与二三文友逃暑》。鸟道，此指极高的山路，意谓只有鸟才能飞得上。

【译文/点评】此写山路盘空、夕阳西下、人家在山的景象。

鸟道盘空上，松根抱石生。

【注释】出自宋·胡份《仙都山》。鸟道，指极高的山路，意谓只有鸟才能飞得上。

【译文/点评】前句以夸张修辞手法写山路极陡极高的情景，后句写松树扎根石中的坚韧形象。

鸟去鸟来山色里，人歌人哭水声中。

【注释】出自唐·杜牧《题宣州开元寺水阁阁下宛溪夹溪居人》。鸟去鸟来，指鸟的活动。人歌人哭，指人的欢乐与悲伤，代指生活。

【译文/点评】此言鸟的活动都在此片山中、人的生活都在这溪水中。这是说人、鸟与宛溪山水的密切关系。

偶然临险地，不信在人间。

【注释】出自清·李念兹《登浮山》。

【译文/点评】此写浮山（在今安徽枞阳县境内）的高拔险峻的情状。“不信在人间”，是夸张修辞手法，意在强调其险峻的程度。

喷壁洒素雪，空蒙生昼寒。

【注释】出自唐·李白《送王屋山人魏万还王屋》。

【译文/点评】此言瀑布喷洒于峭壁之上就如白雪一样，水雾空蒙使白昼里也生寒意。前句写瀑布的视感，后句写瀑布的触感。如此，视感与触感相结合，便使人有一种身临其境之感，仿佛如见瀑布之白，如感瀑布之寒。

平芜万里无人去，落日千山空鸟飞。

【注释】出自唐·刘长卿《登松江驿楼北望故园》。芜，丛生的草。平芜，指平坦的草地。

【译文/点评】此写平野茫茫无人烟、夕照众山鸟空飞的荒凉景象。“万里”与“千山”，乃是夸张的说法，皆是虚指。所写虽是哀景，但其气象却是非常阔大，别有一种苍凉壮阔之美。

瀑布杉松常带雨，夕阳苍翠忽成岚。

【注释】出自唐·王维《送方尊师归嵩山》。岚（lán），山林中的雾气。

【译文/点评】此写瀑布飞流、杉松带雨，夕阳斜照、青山生烟的景象。

气蒸云梦泽，波撼岳阳城。

【注释】出自唐·孟浩然《临洞庭湖赠张丞相》。云梦泽，古代大泽，范围极广，包括今湖北省东南部、湖南省北部的低洼之处，现已不存。岳阳城，在湖南，洞庭湖东岸。

【译文/点评】此写洞庭湖壮阔的气势：湖水升腾的雾气可以笼罩整个云梦之泽、风起波涌能撼动岳阳之城。此二句都是运用夸张修辞手法，以超常的语言表达了其对洞庭湖的观感，给人的印象非常深刻，成为与杜甫“吴楚东南坼，乾坤日夜浮”二句齐名的咏洞庭湖名言。方回《瀛奎律髓》记载说：“予登岳阳楼，此诗大书左序毬门壁间，右书杜诗，后人不敢复题也。刘长卿有句云：‘叠浪浮元气，中流没太阳’，世不甚传，他可知也。”于此，可见此二句在历史上的知名度。

千点暮山三楚尽，一泓寒水九江斜。

【注释】出自唐 · 良人《题江州宝历寺阁》。三楚，指古代楚东、西、南三个部分，此指称江南地区。九江，此指赣江及其八条支流。

【译文/点评】此写傍晚登阁所见的景象：薄暮之下远山点点、江南之地广袤无垠，赣江及其支流纵横交错、天寒水碧。

千峰随雨暗，一径入云斜。

【注释】出自唐 · 温庭筠《处士卢岵山居》。

【译文/点评】此写雨暗群峰、云遮山径之景。“千峰”是夸张，意在强调山峰之多。“入云”是比喻，也是夸张，意谓山径之高。

千里嘉陵江水色，含烟带月碧于蓝。

【注释】出自唐 · 李商隐《望喜驿别嘉陵江水二绝》。

【译文/点评】此写嘉陵江水在清雾明月的笼罩与映衬下与碧水青天融为一体的优美景色。

乾坤浮一气，今古浸双丸。

【注释】出自清·张照《观海》。

【译文/点评】前句写海天茫茫，天地浑然的形象；后句写太阳、月亮倒映于海中的形象。“双丸”，是比喻朝升夜落的太阳与夜升日落的月亮倒映于大海中的形象。“今古”，是说日月交替的亘古性。因此，此二句既是写景，也是感叹大自然现象的永恒性。用词生动形象，既新颖，又极具气势。

樯出江中树，波连海上山。

【注释】出自唐·孟浩然《广陵别薛八》。樯（qiáng），船上的桅杆。

【译文/点评】前句写船大樯高之状，船上的桅杆超过江中沙洲上的树杪；后句写江海相连的浩大气象，江水汇入海中又延及于海岛。这两句不仅写出了船行与江流的动感，也写出了江海的阔大气象。画面之中不仅有船、有树、有江、有海、有山、有波，同时也隐含了江中的沙洲、海上的岛屿以及船中之人的形象。意象极为丰赡，让人回味不尽。

青浦映水疏还密，白鸟翻空去复回。

【注释】出自唐·朱庆余《与庞复言携酒望洞庭》。

【译文/点评】此写青浦之林映水，看似稀疏，实则稠密；白鸟高翔空中，飞去却又飞回的情景。前句以林木、湖水相映，后句以青空、白鸟共衬，将天上、地下融为一体，动静结合，从而构拟了一幅生动的自然山水画轴。

青山不老，绿水长存。

【注释】出自明·罗贯中《三国演义》第六十回。

【译文/点评】此以拟人修辞手法，将青山绿水人格化，使其带有人的生命情态（“老”、“存”），从而形象地说明了天地山水所具有的永恒性。

青山横北郭，白水绕东城。

【注释】出自唐·李白《送友人》。郭，在城的外围加筑的一道城墙。

【译文/点评】此二句写景叙事，妙在对仗工整。从声律上看，依古音标准，前句是“平平平仄仄”，后句是“仄仄仄平平”。从概念词性上看，“青山”对“白水”，同是地理类名词相对，同是包含了颜色词（“青”与“白”）相对。“北郭”对“东城”，同是城郭类名词相对，同时也包含了方位词（“北”与“东”）相对。“横”对“绕”，是动词相对，都用得恰到好处，分别写出了山与郭、水与城的关系。从形象上看，青山横郭，有一种坚实感；白水绕城，则有一种缠绵感。而这种形象正好暗合了对友人离别的依依不舍之情，是借青山有情、白水有意巧妙地表达出了诗人对即将离去的友人的深切留恋之情。

青山缭绕疑无路，忽见千帆隐映来。

【注释】出自宋·王安石《江上五首》（其一）。隐映，指时隐时现的样子。

【译文/点评】此与南宋诗人陆游的诗句“山重水复疑无路，柳暗花明又一村”所表现的“豁然开朗”、“别有洞天”的境界相同，也许陆游的诗句正是化自于此。

青山绿水，白草红叶黄花。

【注释】出自元·白朴《越调·天净沙·秋》。

【译文/点评】此写秋天的景象，以“青山”、“绿水”、“白草”、“红叶”、“黄花”等五个名词性词组并置叠砌，不用一个虚词，完全荡开语法或逻辑的规约，使五个名词性词组所代表的意象就像五组电影镜头，可以任意组接，从而构成了一幅气韵生动、内涵丰富的画卷。这便是修辞学上所说的“列锦”修辞手法的效用。

青山似欲留人住，百匝千遭绕郡城。

【注释】出自唐·李德裕《登崖州城作》。匝（zā），周、圈。遭，周、次。百匝千遭，是夸张，指青山一重又一重。

【译文/点评】此以比拟修辞手法将青山人格化，使其具有人的生命情态（留人住），在形象地写出群山绕城之景的同时，含而不露地表达出诗人对青山的喜爱之情。

青山行不尽，绿水去何长。

【注释】出自唐·崔颢《舟行入剡》。

【译文/点评】此写青山不断、山色映水、江流不息、浩浩荡荡的景象。

青山欲共高人语，联翩万马来无数。

【注释】出自宋·辛弃疾《菩萨蛮》。高人，指志向、道德高的人。翩，疾飞。

【译文/点评】前句以拟人修辞法将青山人格化，将青山与人的亲切感表现出来。后句以比喻修辞法将群山扑面而来比作万马联翩，形象生动，给人以丰富的想象空间。

清气澄余滓，杳然天界高。

【注释】出自晋·陶渊明《己酉岁九月九日》。余滓，指尘埃。杳然，高远的样子。

【译文/点评】此写深秋重阳时节天高气爽的景象。

清泉吐翠流，渌醽漂素濑。悠想盻长川，轻澜渺如带。

【注释】出自晋·庾阐《三月三日》。渌醽（lù líng），也写作醁醽、绿酃，酒名。素，白。濑，流得很急的水。悠想，悠闲的遥想。盻（xì），怒视，此指看。澜，波浪。渺，飘缈。

【译文/点评】清泉涌地，绿树映入泉之中，仿佛从地下涌出的是翠流；渌醽名酒流觞漂在白色的急流之中。悠然遥想的诗人眼望长河，仿佛遥见轻澜飘缈处一水如带的景象。此等山水胜境，读之不禁让人生发无限的向往之情。

清泉自爱江湖去，流出红墙便不还。

【注释】出自清·查慎行《玉泉山》。

【译文/点评】清泉流出围墙而汇入江湖，这是很寻常的自然现象。几乎没有什么可写，但是诗人却通过将清泉人格化，通过拟人修辞手法，赋予清泉以灵性，让它有“爱江湖”的情性，于是寻常的情事顿然艺术化，让人有回味无穷之感。同时，也将清泉脱俗、放任的形象表达出来。这是诗人以物拟心的笔法，更是一种人格心迹的自我表露。

晴天摇动清江底，晚日浮沉急浪中。

【注释】出自宋·陈师道《十七日观潮》。

【译文/点评】蓝天、白云、红日的晴天倒影随着江涛的翻滚而摇动，如血的残阳随着傍晚的急浪而浮沉上下。此写水天相映、影随水漾的江景。

秋风萧瑟，洪波涌起。日月之行，若出其中；星汉灿烂，若出其里。

【注释】出自汉·曹操《步出夏门行》（其一）。萧瑟，风吹树木之声。之，的。行，运行。若，像。其中，指海中。星汉，银河。

【译文/点评】此乃曹操写东临碣石所见海天秋色之景，历来传为写景妙笔。

求天下奇闻壮观，以知天地之广大。

【注释】出自宋·苏辙《上枢密韩太尉书》。求，寻求，寻访；壮观，壮丽雄伟之景象。

【译文/点评】天下之大，天下奇闻之多，天下山水之胜，访之愈多，见之愈多，方知天之广、地之大，方知人在天地面前是何等渺小。由此，他才知道应该努力求知，修身修德。荀子《劝学篇》有云：“不登高山，不知天之高也；不临深溪，不知地之厚也；不闻先王之遗言，不知学问之大也。”其义与此同。今人所熟知的“读万卷书，行万里路”，其义亦与此同。因为只有博闻天下之事，广访名山大川，才能增广见识，开阔胸襟，怡情养性，虚怀若谷，最终成为一个道德文章为天下推重的人。

泉声咽危石，日色冷青松。

【注释】出自唐·王维《过香积寺》。危，高。

【译文/点评】泉水流于高石之中，仿佛有呜咽之声；阳光照在青翠古松之上，却让人有寒冷之意。泉声不会呜咽，青松也不会寒冷，诗人之所以这样写，那是诗人在凝神观照眼前事物时产生了“移情”作用，于是将其个人的情绪与感受移注到泉、松之上的结果。由于诗句带有了诗人强烈的情绪色彩，所以读来也最易感染人，让人由此及彼，感受到诗人内在的情绪变化，从而与诗人达成情感的共鸣。

人归山郭暗，雁下芦洲白。

【注释】出自唐·韦应物《夕次盱眙县》。芦洲，指长满芦苇的水中陆地。

【译文/点评】此写日落人归、天暗山郭、月光明亮、雁宿洲上的景象。此写日夜交替的过程，动感极强。前句写落日余晖中青山、城郭渐渐消失在归人视野之中，表现的是白昼的终结景象；后句写月出天白、雁投芦洲，表现的是夜晚来临之景。

人马盘空细，烟岚返照浓。

【注释】出自清·邓汉仪《过大庾岭》。盘空，指盘旋于岭上如同行于空中。岚，山上的雾气。

【译文/点评】前句以“人马细”的远观印象反衬大庾岭之高峻，后句以岭上雾气之浓与夕阳余照反衬大庾岭之高峻。

人闲桂花落，夜静春山空。

【注释】出自唐·王维《鸟鸣涧》。桂花，或说是指代月亮，或说是指春桂。

【译文/点评】此写人自悠闲花自落、夜静山空万籁寂静的景象，表现的是一种宁静、清幽的自然情趣。

人行明镜中，鸟度屏风里。

【注释】出自唐·李白《清溪行》。度，这里指穿行、飞过。

【译文/点评】此二句是写安徽池州清溪山水的名句。“人行明镜中”，其意是说人乘船行于清溪之中，犹如行于明镜之中。这是以“明镜”喻清溪水之清亮、透碧清澈；“鸟度屏风里”，是说鸟飞于清溪峡谷之中，如同飞在屏风之中。这是把清溪两岸的群山比作“屏风”。二句皆因比喻新颖，而使表达顿生形象生动之趣。

日落江湖白，潮来天地青。

【注释】出自唐·王维《送邢桂州》。

【译文/点评】此写夕阳西下之后江湖一片白茫茫、夜潮涌起之时天地一派青碧色的景象。“日落”对“潮来”，是写动态过程；“白”对“青”，是写水与天的静态颜色；“江湖”对“天地”，是阔大气象的相对。由此，一幅气韵生动而壮观的山水图卷便呈现在人们面前。

日暮北风吹雨去，数峰清瘦出云来。

【注释】出自宋·张耒《初见嵩山》。

【译文/点评】此写嵩山夕阳西下、风吹雨去、数峰出云的晚景。以“清瘦”写山峰，乃是拟人修辞手法，既显出高峰之高，又具人格化，读之使人对嵩山更有亲近之感。

日月不明，天不易也；山高而不见，地不易也。

【注释】出自先秦《管子·形势》。易，改变。

【译文/点评】天有阴晴，乃自然之理，故日月也有不明之时，但天还是天，并不能因此而改变日月照临寰宇、化育万物的事实；山高是客观存在，不管是被浓雾深锁，还是被人视而不见，它都始终屹立于大地之上，是改变不了的客观存在。引申之，即是说，凡事应该客观地观察，看事察人，不能以偏概全；为人处世，则不可因噎废食。

日月光华，旦复旦兮。

【注释】出自先秦古歌《卿云歌》。旦，明亮。兮，语气助词，相当于“啊”、“呀”。复，又。

【译文/点评】日月之明，举头见之；日月之光，照耀人间。这是远古的人们对日月的赞颂，质朴真淳。成立于1905年的中国著名学府复旦大学，其校名即来源于此句。

日照香庐生紫烟，遥看瀑布挂前川。飞流直下三千尺，疑是银河落九天。

【注释】出自唐·李白《望庐山瀑布》。香庐，指庐山香庐峰。紫烟，指森林雾气在阳光照射下所呈现的颜色。

【译文/点评】此写远望庐山香庐峰阳光下烟雾如紫气、瀑布似挂天的壮观景象。前两句是直写所见，后两句是说庐山瀑布落差之大，意在突出强调庐山瀑布的壮观气势。“三千尺”与“九天”，都非写实，而是夸张修辞手法，意在突出强调，以予人强烈的印象，同时也表达诗人对庐山瀑布的强烈热爱之情。

溶溶春水浸春云，碧琉璃滑净无尘。

【注释】出自宋·欧阳修《浣溪沙》。溶溶，指水面浩大的样子。

【译文/点评】此写浮云倒映于春水之中、春水碧绿一尘不染的景象。

飒飒松上雨，潺潺石中流。

【注释】出自唐·王维《自大散以往深林密竹磴道盘曲四五十里至黄牛岭见黄花川》。

【译文/点评】此写雨打松叶、水流石中的声音，是以反衬手法突出表现山林幽谷的静谧情状。“飒飒”与“潺潺”，都是摹声词，分别描摹雨打松叶与水流石间的声响，让人有如闻其声的现场感。

三山半落青天外，一水中分白鹭洲。

【注释】出自唐·李白《登金陵凤凰台》。“三山”在金陵（今南京）西南长江边上，距城约五十里，三峰并列，南北相连。“白鹭洲”在金陵之西的长江之中，将长江水道一分为二。“一水中分白鹭洲”的句法，是为了符合诗的平仄要求，正常的语序是“白鹭洲中分一水”。

【译文/点评】前句写三山的若隐若现，突显了其远观的缥缈神秘之感；后句写白鹭洲中分江水的中流砥柱的力量，是写景也是写自己的精神。前句远景与后句近景，前后配合，写出了金陵古都山河壮丽、气象阔大的神韵。至于声音形式上，也是非常的完美。“三山”对“一水”，“半落”对“中分”，“青天”对“白鹭”，对仗工整，丝丝入扣，堪称千古佳句。据说，此二句是仿自唐人崔颢《黄鹤楼》中“晴川历历汉阳树，芳草萋萋鹦鹉洲”，但崔诗写得有些情调苍凉，而李诗则显得气势阔大。因此，即使真是仿拟之作，也与崔颢原句算是棋逢对手，平分秋色。

三十六峰凝翠霭，数千余仞锁岚烟。

【注释】出自宋·鲁宗道《登黄山》。霭（ǎi），云雾。仞，古代长度单位，八尺或七尺为一仞。岚（lán），山上的雾气。

【译文/点评】此写黄山众峰笼罩于烟雾之中的景象。

三万里河东入海，五千仞岳上摩天。

【注释】出自宋·陆游《秋夜将晓出篱门迎凉有感》。河，指黄河。仞，古代长度单位，相当于七尺或八尺。岳，指华山。摩，接近、逼近。

【译文/点评】前句写黄河源远流长，“三万里”乃是夸张，意在强调黄河从发源地往东入海的流程之长；后句写西岳华山之高，“五千仞”与“上摩天”都是夸张之辞，意在突显华山高耸入云的形象。

山从人面起，云傍马头生。

【注释】出自唐·李白《送友人入蜀》。

【译文/点评】此二句乃是写入蜀栈道之高、之险、之窄的情形。前句写人行栈道之上，两旁青山犹如贴着了人脸，这是极言栈道之窄。后句写云气傍马头而生，是极言栈道之高，是建在高耸入云的山崖之上。既写了高，又写了险。二句都是运用“夸张”修辞手法，通过极言入蜀栈道之高、窄、险，让人对“蜀道之难”有了真切深刻的印象。

山光并水色，载得一船归。

【注释】出自宋·刘侃《武夷七曲》。

【译文/点评】此以比拟修辞手法，将不可计量、不可把握的山光水色具象化、实体化，从而与“船载”相牵连，真切地表达出诗人对武陵山水的热爱之情。

山光积翠遥疑逼，水态含青近若空。

【注释】出自唐·苏颋《兴庆池侍宴应制》。

【译文/点评】此写远山青翠之色逼人而来，远观池水青碧如山，近视池水清澈若无的景象。

山光悦鸟性，潭影空人心。

【注释】出自唐·常建《题破山寺后禅院》。

【译文/点评】青山的光影让鸟欣悦，碧净的潭水倒映着天光山影，使人顿然万念为之澄清。此以“移就”修辞手法写对破山寺后禅院山水的感观，表现的是诗人对破山寺山光、潭影之美的深切感动之情。鸟儿不是人类，自然没有对“山光”有“悦”之感；“潭影”只是物映水中的客观物象，并不能主动使人心如何。但是，诗人却通过“移情作用”，将自己对山光、潭影的感觉及体悟移注到山光、潭影本身，这就使诗句的表达显得新颖别致，让读者有了更多的解读空间，从而大大提升了诗句的审美价值。如果我们进一步深思，此两句不仅仅是写景，更是在“说法”，由景说理：只有摆脱了尘世杂念，才能摆脱红尘中的一切烦恼，精神像飞鸟一般自由自在，达到一个无我的境界。

山积而高，泽积而长。

【注释】出自唐·刘禹锡《唐故监察御史赠尚书右仆射王公神道碑铭》。泽，聚水的洼地。

【译文/点评】此言山体累积土石多才能变高，水洼积水多才能成为源远流长的河流。

山将别恨和心断，水带离声入梦流。

【注释】出自唐·罗隐《绵谷回寄蔡氏昆仲》。将，带。和，伴。

【译文/点评】此写离愁别恨的痛苦之情。山水不是人，却能“将别恨”、“带离声”，这是运用比拟修辞手法将山水人格化，使非人类的山水有了人类的生命情态，从而借山水之“别恨”、“离声”表达诗人自己离别蔡氏兄弟的深切依恋之情。

山将落日去，水与晴空宜。

【注释】出自唐·李白《秋日鲁郡尧祠亭上宴别杜补阙范侍御》。将，带着。

【译文/点评】此二句写傍晚时分青山随夕阳渐渐隐去，晴空与江水上下交映的情景，如同一幅淡淡的山水画，青山、落日、江水、晴空皆在其中矣。淡雅、自然的风格，让人醒脑清脾。

山临青塞断，江向白云平。

【注释】出自唐·王维《送严秀才还蜀》。

【译文/点评】前句写关塞青青、高山巍巍之景，后句写大江东去、天水相连的景象。前句写山，突出的是视觉形象，“青塞断”，言山之高阻断了关塞；后句写水，呈现的也是视觉形象，“白云平”，言大江奔涌、无边无际的气势。如此，前后配合，便构成了一幅生动的山水图轴。

山路元无雨，空翠湿人衣。

【注释】出自唐·王维《阙题二首》。元，原。

【译文/点评】此写山色空灵、绿意深浓之景。前句说“无雨”，后句说“湿衣”，字里行间已经交代了诗句所要表达的意旨：山色青翠欲滴。

山鸣谷应，风起水涌。

【注释】出自宋·苏轼《后赤壁赋》。

【译文/点评】此写赤壁附近山高谷深、风高浪急之景。

山没清波内，帆在浮云中。

【注释】出自南朝梁 · 吴均《忆费昶》。

【译文/点评】前句写群山倒映于水中之景，后句写船帆高耸入云之状。

山平水远苍茫外，地辟天开指顾中。

【注释】出自宋 · 陆游《初发夷陵》。指顾，指回顾来路、指点眼前。

【译文/点评】此写夷陵（三峡出口处，在今湖北宜昌）地段江面壮阔的景象：被约束于三峡中的江水，至夷陵江面顿如一匹挣脱了缰绳的野马一泻千里。江面至此也顿然变得开阔起来，两岸群山远望犹如平地，江水浩荡无际无涯。站在船头，回顾来时路、眼观面前景，顿时有一种豁然开朗、地辟天开之感。

山青灭远树，水绿无寒烟。

【注释】出自唐 · 李白《秋登巴陵望洞庭》。灭，湮灭、使分辨不清。

【译文/点评】此写洞庭湖秋日周边山青依旧、水绿如故的景象。意谓洞庭湖秋天而无秋意，仍然春意盎然。

山随平野尽，江入大荒流。

【注释】出自唐 · 李白《渡荆门送别》。

【译文/点评】此二句乃是写船出三峡、渡过荆门山之后的长江两岸的景象。前句写两岸沃野平畴的一望无际，后句写江水一泻千里、奔腾远去的气势。前句之“随”，后句之“入”，以拟人修辞手法让非人类的青山与江水有了人的生命情态，在极强的动感中写活了山水。

山桃红花满上头，蜀江春水拍山流。

【注释】出自唐 · 刘禹锡《竹枝词九首》。

【译文/点评】此写春水涨江、流经崇山峻岭间的江水轻拍两岸山脚、两岸山上的山桃之花缀满枝头的春日景象。

山无重数周遭碧，花不知名分外娇。

【注释】出自宋·辛弃疾《鹧鸪天》。无重数，无数重。周遭，周围。

【译文/点评】此写青山无数重、花繁难知名。“周遭碧”，言周围皆是青绿之色；“不知名”，言花多花繁，难以穷尽。

山衔落日青横野，鸦起平沙黑蔽空。

【注释】出自宋·陆游《溪上作》。

【译文/点评】此写夕阳在山、原野青青、鸦起平沙、飞遮天空的景象。“山衔落日”是比拟，将山人格化（有嘴衔物）；“黑蔽空”是夸张，极言乌鸦之多，能够遮蔽天空。

山映斜阳天接水，芳草无情，更在斜阳外。

【注释】出自宋·范仲淹《苏幕遮》。

【译文/点评】此言望不见故乡的痛苦之情。但诗人却不直说，而是先写“山映斜阳天接水”之景，以苍茫辽远的意境衬托“更在斜阳外”的“无情”芳草更为辽远，从而借“芳草”喻故乡，由芳草的“无情”反衬诗人对故乡的“有情”。

山远峰峰碧，林疏叶叶红。

【注释】出自宋·陈尧咨《普济院》。

【译文/点评】此写远望群山苍翠、近观林疏叶红的秋日之景。

山远疑无树，潮平似不流。

【注释】出自唐·马周《凌朝浮江旅思》。

【译文/点评】此写青山隐隐、江流平缓的景象。

上下天光，一碧万顷。

【注释】出自宋 · 范仲淹《岳阳楼记》。

【译文/点评】此写“春和景明，波澜不惊”之时洞庭湖水天一色、宽阔无垠的景象。前句写蓝天映于湖水之中，使水天一色；后句用夸张修辞手法，极言湖面的开阔广大。两句八字所构拟的广阔气象，不禁令人浮想联翩、心旷神怡。

深溪横古树，空岩卧幽石。

【注释】出自隋 · 杨素《山斋独坐赠薛内史二首》（其一）。幽，昏暗、深色。

【译文/点评】此写山中深溪之上古树横斜、空岩之上幽石静卧的景象，表现的是一种静谧自然的境界。

声驱千骑疾，气卷万山来。

【注释】出自浙江海宁观潮亭联语。

【译文/点评】此用夸张修辞手法写钱塘潮水袭来时那种排山倒海、气吞山河的气势。

声喧乱石中，色静深松里。

【注释】出自唐 · 王维《青溪》。

【译文/点评】前句写水流乱石之中，但不见“水”字；后句写风起树动，古松岿然不动，写“风”而不见“风”。这种写景正是中国传统文学所追求的“句中有其意，字面无其词”的境界，也是诗词婉约蕴藉风格的最高追求。

十里青山远，潮平路带沙。

【注释】出自宋 · 仲殊《南歌子》。

【译文/点评】此写江畔十里青山、潮平之后路有积沙的景象。前句写静景，后句写动感。虽然没有直写潮起时的景象，但“路带沙”的结果，则清楚地昭示了江潮汹涌的过程。动静结合，一张一弛，将自然界的美景尽现于眼前。

十日狂风特地晴，天工著意送行人。

【注释】出自宋 · 管鉴《浣溪沙》。特地，特意。天工，即天公。著意，特意。

【译文/点评】以拟人修辞手法，明说“天公”有情，实写对行人依依不舍之情。

石梁高泻月，樵路细侵云。

【注释】出自唐 · 李商隐《题郑大有隐居》。石梁，指石桥。樵路，上山打柴的小路。

【译文/点评】前句写月光穿桥、清辉如泻之景，后句写小路细细、直上云天之状。

试登绝顶望乡国，江南江北青山多。

【注释】出自宋 · 苏轼《游金山寺》。乡国，指故乡。

【译文/点评】此写登金山寺所见江南江北满目青山之景。写景之中也寄寓了诗人深切的怀乡之情。

疏峰时吐月，密树不开天。

【注释】出自南朝梁 · 吴均《登寿阳八公山》。

【译文/点评】此写八公山群峰疏落处月儿时露、近处树木繁茂遮天蔽日的景象。“疏峰”对“密树”，既在对仗上见出工整，又在意境上显得疏密交错、相映成趣。

树点千家小，天围万岭低。

【注释】出自唐 · 岑参《早秋与诸子登虢州西亭观眺》。

【译文/点评】在树木的掩映下，远处的许多村落人家看起来就像一个个小点；在天穹的笼罩下，群山峻岭都显得那么低矮而不起眼。此写登高远望所见远村众山的视觉形象。“千家”、“万岭”，都是夸张修辞手法，意在强调数量之多。

数峰清苦，商略黄昏雨。

【注释】出自宋·姜夔《点绛唇》词。商略，酝酿。

【译文/点评】此写冬日山峰萧瑟荒落，黄昏时分山雨欲来的景象。词人写这一景象时并不直写，而是通过拟人修辞手法，将山峰人格化，以“清苦”写冬日之山的萧条景象，以“商略”写雨云酝酿将成之状，顿使平常的叙事显得生动起来。

树接前山暗，溪承瀑水凉。

【注释】出自唐·沈佺期《乐城白鹤寺》。

【译文/点评】此写白鹤寺绿树蔽日、溪瀑水凉的景象。前句写视觉，后句写触觉，让人有如临其境之感。

树深烟不散，溪静鹭忘飞。

【注释】出自唐·钱起《忆山中寄旧友》。

【译文/点评】此写山居幽静自然的生活环境。

谁谓江水广？一苇可以航。

【注释】出自三国魏·曹丕《广陵观兵》。谓，说。江水，指长江。广，广阔。苇，指束苇之筏。航，渡过。

【译文/点评】谁说江面宽，一束苇筏就能渡过去。表现的是一种傲视长江天堑的豪气。此二句乃是化自《诗经·卫风·河广》之“谁谓河广？一苇杭之”，大有“青出于蓝而胜于蓝”之韵致。

水从天汉落，山逼画屏新。

【注释】出自唐·李白《赠崔秋浦三首》（其三）。天汉，银河。

【译文/点评】此写飞流直下、山色如画的景象。前句是夸张，意在突出强调水流落差之大；后句是比喻，意在形象生动地展现山色的优美。

水从天上落，路向石中分。

【注释】出自清·张衍懿《瞿塘峡》。

【译文/点评】前句写瞿塘峡流水落差之大，后句写瞿塘峡两岸路途之艰难。前后句配合，由水中而至岸上，将瞿塘峡水急岸峭的景象完整地表现出来。

水底远山云似雪，桥边平岸草如烟。

【注释】出自唐·刘禹锡《和牛相公游南庄醉后寓言戏赠乐天兼见示》。

【译文/点评】此写远山映水、浮云似雪，桥傍平岸、碧草如烟的春日景象。

水光潋滟晴方好，山色空蒙雨亦奇。欲把西湖比西子，淡妆浓抹总相宜。

【注释】出自宋·苏轼《饮湖上初晴后雨》。潋滟（liàn yàn），水波相连的样子。

【译文/点评】前二句是直写西湖水波荡漾、细雨蒙蒙、山色空灵的景象；后二句是评论，以古越国的美女比喻西湖，就近取譬，真切而自然地表达了对西湖非同寻常的美的热爱之情。同时，由于西施所特有的历史内涵，也让诗的意境与意蕴更加丰富，给人以更多的联想与回味。

水国舟中市，山桥树杪行。

【注释】出自唐·王维《晓行巴峡》。树杪，树梢。

【译文/点评】此写长江三峡两岸的景象：集市成于水中

船上、两岸山桥如在树上。

水涵天影阔，山拔地形高。

【注释】出自唐·可朋《赋洞庭》。

【译文/点评】此写湖水映天影、高山拔地起的景象。

水寒夕波急，木落秋山空。

【注释】出自唐·李白《秋夜寄龙门香山寺》。

【译文/点评】此写秋天群山落叶萧萧、江河水寒波急的晚景。

水蓼冷花红簇簇，江蓠湿叶碧凄凄。

【注释】出自唐·白居易《竹枝词四首》（其三）。水蓼（liǎo），一年生或多年生草本植物。江蓠，一种香草名，即蘼芜。

【译文/点评】此写水蓼花红、江蓠碧绿的景象。“红簇簇”、“碧凄凄”，运用叠字修辞手法，分别突出表现了水蓼花之红、江蓠草之绿的情态。

水流曲曲树重重，树里春山一两峰。

【注释】出自清·郑燮《潍县竹枝词》。

【译文/点评】此言河水曲折流于茂密的树林之中，舟中之人被遮断了视线，只能从树丛缝隙中偶尔窥见一二山峰。此二句意在表现树密隐春山的意境。

水渌天青不起尘，风光和暖胜三秦。

【注释】出自唐·李白《上皇西巡南京歌十首》（其九）。渌（lù），水清。三秦，指陕西关中之地，此指唐都长安。

【译文/点评】此言唐明皇避乱（安史之乱）的南京（成都）天碧水清、飞尘不起、气候和暖，远胜唐都长安。其意一在夸说四川自然风光与气候条件之好，二在宽慰唐明皇国破流亡的孤寂之心。

水落陂塘秋日薄，仰眠牛背看青天。

【注释】出自宋·贺铸《茅塘马上》。陂（bēi）塘，池塘。日薄，指日光微弱。

【译文/点评】前句写阳光微弱、池塘水落的秋日之景，后句写牧童仰眠牛背、悠然看天的悠闲情态。

水清石出鱼可数，林深无人鸟相呼。

【注释】出自宋·苏轼《腊日游孤山访惠勤惠思二僧》。

【译文/点评】此写鱼游水中、鸟呼林间的恣意情态，意在突显孤山的清幽之境，用的是反衬之法。

水是眼波横，山是眉峰聚。

【注释】出自宋·王观《卜算子》。

【译文/点评】水像美人的目光流盼闪动，山像美人的眉峰收放聚拢。此乃以美人之眉眼分别比喻山水之句，造词新颖，比喻出人意料，但又贴切形象。故历来为人所传诵，成为写山水的名句。

水吞三楚白，山接九疑青。

【注释】出自明·杨基《岳阳楼》。三楚，秦汉时将战国时代的楚国一分为三，故称三楚。九疑，又名苍梧山，在今湖南宁远县南。

【译文/点评】此写登临岳阳楼所见洞庭湖景色：水面宽阔，似乎能吞下三楚之地；群山连绵，看似与九疑山连成一体。这二句不仅气象阔大，而且对仗工整，读来也别有韵味。

水心如镜面，千里如纤毫。

【注释】出自唐·白居易《初领郡政衙退登东楼作》。水心，水面。纤毫，指涟漪、波纹。

【译文/点评】此写广阔的水面一平如镜、涟漪不起的静谧之景。前句是比喻，写水面的平静与水色之白；后句是夸张与比喻，“千里”是夸张，言水面之阔广，“如纤毫”是比喻，言微波不起之状。

水真绿净不可唾，鱼若空行无所依。

【注释】出自宋·楼钥《顷游龙井》。若，像。空行，在空中游动。

【译文/点评】此写湖水的清澈之状。“水真”，言水太清澈，好像无水，以致令人心生疑问：这水是真的吗？“绿净”，也是言水之清，是通过绿叶映水而显得更净来突出强调水的清澈。“不可唾”，言水太清澈可爱而让人不忍向水中唾咳，意在强调对水净的喜爱之情。后句是个比喻，言鱼游水中就像行于天空而无所傍依，意在强调突出水至清的主旨意蕴。同时，通过鱼的悠游之乐，强调对溪水的赞美与热爱之情。

水作琴中听，山疑画里看。

【注释】出自唐·杜审言《经行岚州》。

【译文/点评】此写流水似鸣琴、青山如画图的景象。

四顾山光接水光，凭栏十里芰荷香。清风明月无人管，并作南来一味凉。

【注释】出自宋·黄庭坚《鄂州南楼即事》。顾，看。芰（jì）荷，出水的荷花。

【译文/点评】此写登鄂州南楼的所见所感：四周满眼水光山色、十里荷花暗夜飘香、明月高挂于天上、南风送来夏夜的清凉。“十里”是夸张，意在强调荷塘面积之广。

四面生白云，中峰倚红日。

【注释】出自唐·李白《望黄鹤楼》。

【译文/点评】此写夕阳照主峰、云雾绕山生的景象。写景之中也点出了“山高”的意旨。

松间沙路净无泥，萧萧暮雨子规啼。

【注释】出自宋·苏轼《浣溪沙》。子规，即杜鹃鸟，俗称布谷鸟。

【译文/点评】前句写雨后松间小径沙洁路净的情形，后句写暮雨潇潇、杜鹃声声的景象。前句写视觉形象，后句写听觉形象（“子规啼”有声，暮雨“萧萧”，是以“萧萧”模拟下雨之声），两相结合，便形声兼备，构成了一幅雨洗松径、鸟啼雨中的生动图画，让人有如临其境、如闻其声、如见其形之感。

崧高维岳，骏极于天。

【注释】出自先秦《诗经·大雅·崧高》。崧（sōng），又作“嵩”，指中岳嵩山。维，是。岳，特别高大的山。骏，通“峻”，高。极，至。

【译文/点评】巍峨大山是嵩岳，高高耸立入云端。这是写嵩岳之高，运用夸张修辞手法，极尽铺张扬厉之能事，让人由此对嵩岳的雄伟之势有了深刻印象。

泰山嵯峨夏云在，疑是白波涨东海。

【注释】出自唐·李白《早秋单父南楼酬窦公衡》。嵯峨（cuó é），山势高峻。

【译文/点评】此写泰山高耸入云，环绕山顶的白云就像是东海上涨起的白波之景象。此乃用夸张和比喻修辞手法描写泰山高峻之貌。

桃花岭上觉天低，人上青山马隔溪。

【注释】出自唐·顾况《寻桃花岭潘三姑台》。

【译文/点评】前句以“觉天低”反衬桃花岭之高，后句写人马隔溪相望、一高一低、一山一溪的情趣。

腾身转觉三天近，举足回看万岭低。

【注释】出自唐·李白《别山僧》。三天，指极高的天空。

【译文/点评】此以夸张修辞手法极写所处山峰的高峻。“三天近”，是仰视，说山与天的距离之近，意在反衬山的高；“万岭低”，是俯视，说居高临下的视野，以万岭衬托此岭之高。

啼鸟忽临涧，归云时抱峰。

【注释】出自唐·王维《韦侍郎山居》。

【译文/点评】此写山中的清幽之境。前句写啼鸟的悠闲自在之态，以一“忽”字生动地表现了啼鸟临涧没有时间性的意旨；后句写山中浮云的飘忽不定之状，“时”字的运用，表明的正是其不定性；“抱”字的运用，则通过拟人化的手段将浮云人格化，从而突出了人与云的亲密关系。由此，通过浮云的悠闲情态折射出隐居山中之人的闲逸之情。

天边树若荠，江畔洲如月。

【注释】出自唐·孟浩然《秋登万山寄张五》。

【译文/点评】此二句写日暮所见江畔之景。前句将远处的树木比作荠菜，比喻新颖，以树的远观之细突出了一个“远”字，暗合“天边”的辞面。后句也是运用比喻，将日暮中的江边沙洲比作月亮，但究其意是沙白如月色，还是沙洲形状如月牙，不得而知，读者可以自由想象。

天长落日远，水净寒波流。

【注释】出自唐·李白《登新平楼》。

【译文/点评】此写冬日天高地远、夕阳西下，寒风吹波、河清水净的景象。前句写远望之景，后句写俯视之见。前后配合，天地、山水、落日、流水尽在其中矣，由此便构成了一幅气韵生动的冬日风景画。

天寒远山静，日暮长河急。

【注释】出自唐·王维《齐州送祖三》。

【译文/点评】前句写秋日树木凋零，远山显得萧条峣落之状；后句写夕阳西下，大河奔流的景象。前句写山的变化，突出的是视觉感受；后句写水的不息，强调的是听觉印象。如此，山水呼应，便构成了一幅有声有色的秋日寒山暮江图。

天门中断楚江开，碧水东流至此回。

【注释】出自唐·李白《望天门山》。天门，即指天门山，是今安徽当涂县东梁山（古称博望山）与和县西梁山的合称。因两山夹江对峙，形若一座天然的门户，故称“天门”。楚江，长江流过旧时楚国的江段。

【译文/点评】前句说天门中断是因楚江冲开，乃是极言江水奔腾咆哮之势；后句写江水撞击两岸而激起回流之景，乃是突出强调天门山对江水强大的约束力。两句配合，既凸显了江水之浩荡汹涌，又突出了天门山山势之险峻。山得水急之衬逾显其险，水得山险之托逾见其急。

天清远峰出，水落寒沙空。

【注释】出自唐·李白《岘山怀古》。

【译文/点评】此写秋季天高气爽、远山尽现，河流水枯、唯余寒沙的景象。虽是萧瑟的秋景，但画面上远景与近景的配合、远山与寒水的映衬都非常工整，别有一种苍凉而阔大的气象。

天生万物以养人，人无一德可报天。

【注释】出自明末四川民谣。

【译文/点评】此言天对人类博大宽厚，而人类则难以回报于天。从今日环境保护的角度看，这话更具现实意义了。而今世界各国都面临严重的环境污染问题，地球太空都受到影响，这已不是人类报答不报答天的问题，而是害天的问题了。

天无私覆，地无私载，日月无私照。

【注释】出自汉·戴圣《礼记·孔子闲居》。私，这里有“偏”之义；覆，覆盖。

【译文/点评】天、地、日、月，乃自然之物，且高悬于人的头顶之上，所以中国古人认为它们是最公正无私的。弦外之音是说，人类并不能做到公正无私，故而应该取法于天、地、日、月。

天行有常，不为尧存，不为桀亡。

【注释】出自先秦《荀子·天论》。天行，即大自然的运行；有常，即有一定的规律。尧，上古明君；桀，商朝的暴君。

【译文/点评】荀子这句话的高妙之处，就在于以尧、桀二人为典型，简明扼要地阐明了一个唯物主义的哲学观，形象地说明了这样一个客观真理：大自然的运行，有其自身的客观规律，不会因为人间有尧，就特别厚待于他，因而风调雨顺，嘉惠于万民；也不会因为人民不喜欢桀这样的无道之君，就洪水滔天，让他死无葬身之地。由此，让人明白：自然就是自然，它是客观存在。后世所说的“天从人愿”、“天人相应”，那只是善良人的一种美好愿望，或者是如汉儒董仲舒那样的封建思想家捏造出来的虚幻理论。

岧峣太华俯咸京，天外三峰削不成。

【注释】出自唐·崔颢《行经华阴》。岧峣（tiáo ráo），山高峻的样子。太华，即华山。咸京，指唐代国都长安。三峰，指芙蓉峰、玉女峰、明星峰（或谓莲花峰、玉女峰、松桧峰）。

【译文/点评】此写华山的高耸险峻之貌。前句写高，用“俯”字；后句写险，用“削”字。

万壑有声含晚籁，数峰无语立斜阳。

【注释】出自宋 · 王禹偁《村行》。壑，沟。籁，从孔穴中发出的声音。

【译文/点评】此写千沟万壑晚籁声声、夕阳之中群峰静静的景象。前句写听觉形象，后句写视觉形象，两相结合，让人有如临其境之感，仿佛如闻其声、如见其形。

万笏皆似平地起，一峰常插白云中。

【注释】出自苏州吴县天平山联语。笏（hù），古代大臣上朝时所拿的手板。

【译文/点评】上句以比喻修辞手法写天平山山石纵横、众峰突兀而起的景象，下句写最高峰的高耸入云情状，用的是夸张修辞手法。前句生动形象，后句深刻夺人。

万顷沧江万顷秋，镜天飞雪一双鸥。

【注释】出自宋 · 董颖《江上》。镜天，澄净如同镜子一般的天空。飞雪，指鸥鸟之颜色，如同飞动的白雪。

【译文/点评】此写秋色满眼、秋水沧茫、水天一色、双鸥翱翔的景象。前句用夸张修辞手法，极写秋江水面开阔、秋色无边无际之状，后句以比喻修辞手法写碧空如洗、飞鸥似雪的景象。

万丈赤幢潭底日，一条白练峡中天。

【注释】出自唐 · 白居易《入峡次巴东》。幢，古代作为一种仪仗用的一种旗帜。

【译文/点评】前句言峡谷潭水清澈，红日倒映其中就像是万丈红旗平铺于潭底一般；后句言峡谷狭窄，头上的天空就像是一条白练飘过一般。前句写潭水之清，后句写峡谷之窄；前句写下，后句写上。如此，上下配合，就将峡谷之景立体地呈现出来。

微波有恨终归海，明月无情却上天。

【注释】出自唐 · 薛逢《九华观废月池》。恨，遗憾。

【译文/点评】池中的碧水微波，今天虽不可见，但它最终汇入大海而仍在；池中原来的那轮明月，今天却了无踪影，只有天上那轮清冷的月亮还高高挂在天上。此写观九华山废月池的遗憾感伤之情。

未能抛得杭州去，一半勾留是此湖。

【注释】出自唐 · 白居易《春题湖上》。此湖，指西湖。

【译文/点评】此言自己留恋杭州而不返的原因有一半是为了西湖。这是运用“折绕”修辞手法，赞美西湖景色的醉人。

我梦偏舟浮震泽，雪浪摇空千顷白。

【注释】出自宋 · 苏轼《归朝欢》。震泽，即今江浙境内的太湖。

【译文/点评】此以夸张修辞手法，写梦中所见太湖巨浪汹涌、撼天动地的气势及浪头似雪的形象。

无边天作岸，有力浪攻山。

【注释】出自清 · 赵翼《渡太湖登马迹山》。

【译文/点评】此写太湖一望无际、惊涛拍岸的气象。前句言太湖湖面的宽阔，“无边”是直言，“天作岸”是曲说。后句言太湖风浪之大，“浪攻山”，是拟人，也是夸张，极言太湖的波浪动地撼山的力量。

吴楚东南坼，乾坤日夜浮。

【注释】出自唐·杜甫《登岳阳楼》。坼（chè），裂开。乾坤，指天地。

【译文/点评】东南的吴、楚两地因它而裂分为二，天地似乎皆浮于其中。这是杜甫写洞庭湖的名句，虽语带夸张，却生动地突显了洞庭湖非比寻常的阔大气势，读之让人不禁心潮澎湃。

吴山青，越山青，两岸青山相对迎。

【注释】出自宋·林逋《相思令》。

【译文/点评】此写吴越江南之地到处都是青山，相对的青山就像人相互迎接的样子。这是以拟人修辞手法，将青山人格化，从而使青山与人类更接近，更显亲切可爱之情。

五月天山雪，无花只有寒。

【注释】出自唐·李白《塞下曲六首》（其一）。

【译文/点评】此写天山夏日降雪，没有春花而只有雪花的景观。

夕烟杨柳岸，春水木兰桡。

【注释】出自唐·崔融《吴中好风景》。桡（ráo），桨。

【译文/点评】此写傍晚时分杨柳夹岸望如烟、画舟泛于春水上的景象。“杨柳岸”与“木兰桡”相对，不仅对仗工整，而且其意境也令人回味无穷。杨柳有依依之态，画舟有摇摇之感，遂使画面更添神韵。

夕阳天外云归尽，乱见青山无数峰。

【注释】出自唐·杨凝《秋原野望》。

【译文/点评】此写夕阳西下云彩褪隐、青山无数尽现眼前的晚景。

西岳峥嵘何壮哉，黄河如丝天际来。

【注释】出自唐·李白《西岳云台歌送丹丘子》。西岳，即华山。峥嵘，此指山势高峻的样子。哉，感叹词，相当于现代的“啊”。

【译文/点评】前句写华山高峻巍峨的气势，后句写黄河远望如丝线的形象。前句是直写，后句是夸张，意在说明黄河发源地之高远，强调黄河的源远流长。

溪边照影行，天在清溪底。天上有行云，人在行云里。

【注释】出自宋·辛弃疾《生查子》。

【译文/点评】此写溪水的清澈见底、行云人影俱在水中的景象。

溪深树密无人处，惟有幽花渡水香。

【注释】出自宋·王安石《天童山溪上》。

【译文/点评】此写天童山静谧无人、溪深树密，幽花飘落、随水流香的景象。

溪水无情似有情，入山三日得同行。

【注释】出自唐·温庭筠《过分水岭》。

【译文/点评】此写山深、溪曲的情形。

溪添半篙绿，山可一窗青。

【注释】出自宋·陆游《杂感》。可，正、当。

【译文/点评】此写春水涨溪、窗对青山的景象。

峡色侵天去，江声滚地来。

【注释】出自唐·刘叉《入蜀》。

【译文/点评】此写三峡两岸天地山水相连、美景目不暇接、水激峡岸之声惊天动地的景象。

闲花满岩谷，瀑水映杉松。

【注释】出自唐·王维《韦侍郎山居》。

【译文/点评】前句写岩谷的清幽自然之态，“闲花”之“闲”尤为传神；后句写山中白水绿树相映成趣的景象。水是动的，且有声响；杉松是静的，是无声的。两两对比，动静之景在同一句中浑然交融，遂使诗句的意境大开。

潇湘月浸千年色，梦泽烟含万古愁。

【注释】出自唐·韩溉《水》。潇湘，指潇水与湘水，长江两个支流。梦泽，指云梦泽，古代大泽名，此指洞庭湖。

【译文/点评】此写月映于潇湘之水、洞庭湖烟波浩渺的景象。“千年”、“万古”都是夸张，强调时间的永久性，说明潇湘水、洞庭波永恒的清澈与浩荡。

小溪清水平如镜，一叶飞来细浪生。

【注释】出自宋·徐玑《行秋》。

【译文/点评】此写小溪水清、平静之状。“清水”，是直言小溪之水的清澈；“平如镜”，是比喻，形容水面平静之状。后句是夸张，言一片树叶都能掀起波浪，意在突出小溪水面的平静与涟漪不起的情状。

晓月临窗近，天河入户低。

【注释】出自唐·沈佺期《夜宿七盘岭》。

【译文/点评】此言宿住七盘岭上好像离明月、银河很近。这是运用夸张修辞手法，意在强调七盘岭之高。同时，“晓月临窗”、“天河入户”，都有人格化的情调，读之让人觉得明月与银河也是那么富有人情味。而这正好能够慰藉诗人被发落岭南的落寂心情。

新林二月孤舟还，水满清江花满山。

【注释】出自唐·储光羲《寄孙山人》。

【译文/点评】此写初春时节泛舟归乡沿途所见春水涨清江、林新花满山的景象。就如一幅画，有山、有水、有花、有树、有人（舟中有人），看是语句平淡，但意境气象却显得非常阔大。

星垂平野阔，月涌大江流。

【注释】出自唐·杜甫《旅夜书怀》。

【译文/点评】此写平野辽阔、星垂天际，江水奔流、月映波中的夜中景象，表达的是诗人旅途之中观赏天地山水的欣悦之情。“星垂”，言极远；“月涌”，言月随波动。“平野阔”与“大江流”，一写远景，一写近景，但都呈现出了阔大的气象，读之让人心有欣欣然。

欻如飞电来，隐若白虹起。

【注释】出自唐·李白《望庐山瀑布水二首》（其一）。欻（xū），忽。

【译文/点评】此写庐山瀑布时如飞电、时如白虹的景象。皆是运用比喻修辞手法予以描写，意在突出强调其流速之快、颜色之白。

雪罢冰复开，春潭千丈绿。

【注释】出自唐·孟浩然《初春汉中漾舟》。

【译文/点评】此写初春雪消冰融、春水涨江的景象。冰雪与春潭的对比，颜色反差非常明显，既昭示了冬去春来的喜悦之情，又增添了诗句的画面色彩。

鸭头绿一江浪花，鱼尾红几缕残霞。

【注释】出自元·无名氏《中吕满庭芳》。

【译文/点评】此写绿水红霞交映生辉之景。前句是比喻，将一江浪花比作是鸭头上的绿色羽毛，意在突出江水的碧绿之色；后句也是比喻，是将晚霞比作是鱼尾上的红色，意在突出晚霞的鲜活之性。江水碧绿、晚霞红艳，这是寻常的自然现象，但是经过诗人这样生动的比喻之后，无生命的东西顿然变得生动起来，有了几分鲜活的气息。同时，生动的比喻所带给读者的鲜明形象，也让读者为之浮想联翩，回味再三。

烟抹平林水退沙，碧山西畔夕阳家。

【注释】出自金·周昂《晚望》。

【译文/点评】此写薄雾生平林、水退见沙滩、夕阳傍青山、远处见人家的景象。两句十四字，就像是由四组镜头组接起来的一段电影画面，有动感有静态，有山有水，有烟雾有霞光，有青色有红色，画面非常丰富，给人以无限的回味空间。

岩泉万丈流，树石千年古。

【注释】出自唐·陈子昂《酬晖上人夏日林泉》。

【译文/点评】此以夸张修辞手法极言岩泉流水之大与树石的年头之久。“万丈”与“千年”皆是夸张之辞，而非实指。“万丈流”对“千年古”，乃是数量词组相对；“岩泉”对“树石”，乃是名词相对。形式工整，视听觉形象皆佳。

洋洋熊耳流，巍巍伊阙山。高冈碣崔嵬，双阜夹长流。

【注释】出自晋·成公绥《行诗》。洋洋，水面浩大貌。熊耳流，指伊水。伊水发源于伏牛山，经熊耳山、嵩县而流至伊川县。巍巍，高耸貌。伊阙山，山名。碣，圆顶的碑石。崔嵬，山石高而不平之貌。阜，土山。

【译文/点评】此写伊水汪洋浩荡、伊阙山高耸壁立之势以及伊水所流经地区两山夹峙、长川奔流的山水形胜。

遥看洞庭山水翠，白银盘里一青螺。

【注释】出自唐·刘禹锡《望洞庭》。

【译文/点评】此写洞庭湖与湖中君山的景象。“白银盘”，乃是比喻洞庭湖水之白；“一青螺”，乃是比喻君山青翠挺拔。以白银盘里盛放青螺，比喻洞庭湖与湖中的君山，不仅形象新颖，更由此而予人以无限的联想与回味，从而大大拓展了诗句的意境与表意内蕴。

遥天如接岸，远帆似凌空。

【注释】出自南朝梁·庾肩吾《和晋安王薄晚逐凉北楼回望应教诗》。

【译文/点评】此以比喻修辞手法写天水相连、帆影遥远的景象。两句都表现“远”的境界。前句写遥天接岸，意为天水相接，表现的是“远”；后句写远帆凌空，表现的也是“远”。

遥望四山云接水，碧峰千点数帆轻。

【注释】出自宋·周知微《题龟山回文》。

【译文/点评】此写远眺天水相接、四望青山无数、江中远帆点点的景象。两句十四字，融天地山水、浮云轻帆于一体，气象十分阔大，读之令人有咫尺万里之感。

遥原树若荠，远水舟如叶。

【注释】出自隋·薛道衡《敬酬杨仆射山斋独坐》。

【译文/点评】此写远望所见的原野与河流景象。写原野特写原上之树，写河流着笔于水上之舟。那么，树、舟如何？诗人以比喻修辞手法将树比为荠菜，将舟喻为树叶，从而在强调树细、舟小的同时，突出了一个“远”字。这正是古人所说的“写远而不言远，意中含其远”的境界。

要看银山拍天浪，开窗放入大江来。

【注释】出自宋·曾公亮《宿甘露僧舍》。银山，指浪头。

【译文/点评】此写乘船所见江上波涛汹涌的景象。前句“银山”是比喻，形容浪头之白；“拍天浪”是夸张，强调浪头之高。后句写视野之开阔、江面之宽广。

野岸平沙合，连山远雾浮。

【注释】出自南朝梁 · 何逊《慈姥矶》。

【译文/点评】前句写平畴沃野与河流沙岸之景，后句写远山连绵、雾隐峰峦之象。前后句配合，遂构成了一幅田野与河流交融、山峦与远雾相伴的图画，气象阔大而又浑然一体。

野旷沙岸净，天高秋月明。

【注释】出自南朝宋 · 谢灵运《初去郡》。

【译文/点评】此写秋夜月明天高、野阔水净的景象。前句写平视远望所见平野、沙岸、河流之景，后句写仰视遥望所见秋空碧净、朗月在天的景象。如此天地结合、上下相映，就绘就了一幅气韵生动的秋夜朗月净沙、天高野旷的图画。

野旷天低树，江清月近人。

【注释】出自唐 · 孟浩然《宿建德江》。

【译文/点评】前句言遥望原野之上，视野极其开阔，天际线仿佛低于远树；近俯江中，江水澄碧，明月映于水中，仿佛与人更加亲近。前句写远望之景，后句写近观与俯视之见，远近结合，原野、碧天、远树、清江、明月、诗人都和谐地融合于一幅图画之中，不仅意象阔大，画面丰富，而且亦使诗句的气韵更为生动。

野水多于地，春山半是云。

【注释】出自宋 · 赵师秀《薛师石瓜庐》。野水，指未经人工疏浚的天然河流。

【译文/点评】此写水网纵横陆地少、山峰笼于云雾中的春日景象。

野竹分青霭，飞帘挂碧峰。

【注释】出自唐·李白《访戴天山道士不遇》。霭，雾气。

【译文/点评】一丛野竹隔断了满山的青雾，一道瀑布从陡峭的碧峰上如帘子一般直挂下来。此乃将青山、野竹、瀑布融为一体的写景之句。其中，青山虽然没有露面，却由“青霭”暗中点出。因为若无满山的青翠，就形不成青色的雾霭。“野竹分青霭”，是写进入山中之后所见的近景。“飞帘挂碧峰”，是以夸张与比喻修辞手法写瀑布飞流直下的远景。近景如青霭一般柔和神秘，远景如瀑布一样壮观动心。一刚一柔的两种景色配合在一起，遂使诗句所勾勒的画面更加富有魅力。

夜江雾里阔，新月迥中明。

【注释】出自南朝陈·阴铿《五洲夜发》。

【译文/点评】此写雾里看江、远中望月的感觉。江因雾因夜而朦胧，益发显得宽阔无涯；月虽初弦，远望却格外分明。前句写朦胧阔大之景，后句写高远明亮之色，朗月与雾江上下对衬，益显得朦胧者更加朦胧、明亮者更形明亮，对比反差的效果特别明显，因而给人的视觉刺激也就特别强，给人留下的印象也就特别深刻。

夜宿月近人，朝行云满车。

【注释】出自唐·岑参《酬成少尹骆谷行见呈》。

【译文/点评】此言人行于山上好像离月亮很近，朝起行路好像白云满车。这是通过夸张修辞手法，极言山高之状。

一带江山如画，风物向秋潇洒。

【注释】出自宋·张升《离亭燕》。

【译文/点评】此写秋日山水、风物之物，寄寓了诗人对秋天深深的欢悦之情，与古代诗人对秋常怀悲的寻常思路大不一样。

一钩淡月天如水。

【注释】出自宋·谢逸《千秋岁》。

【译文/点评】此写月儿弯弯、碧空如洗的夜景。说“一钩”，乃在表明此是上弦月或是下弦月，而不是满月、圆月。说“淡月”，是强调天空很亮，正是与“天如水”相呼应。

一江见底自秋色，千里无风正夕阳。

【注释】出自宋·孔武仲《鄂州》。

【译文/点评】此写江水清澈、微风不起、夕阳在山的秋日之景。“一江见底”与“千里无风”都是夸张，前者极言江水之清，后者极言秋风之微。

一片青天白鹭前，桃花水泛住家船。

【注释】出自元·杨维桢《题春江渔父图》。桃花水，指春水，因为春天正是桃花盛开之时。

【译文/点评】此写鹭飞于天、春水涨江、桃花纷飞、船泛水上的春日景象。前句写远景，以“前”字表明是向前望所见之景，写的是头顶上的青天与飞于青天中的白鹭。青天的背景与飞动的白鹭，形成青白两映、动静结合的一幅画。后句写近景，着眼的是纷落的桃花与浮动于水面上的住家船（渔民的住所），表现的都是动感形象。让人有身临其境之感。

一片清江水，中涵万古情。

【注释】出自宋·鲍当《松江夜泊》。涵，包涵。

【译文/点评】此以比拟修辞法，将江水人格化，以寄托诗人的万古情思。

一千里色中秋月，十万军声半夜潮。

【注释】出自唐·赵嘏《钱塘》。

【译文/点评】此写八月中秋月色下钱塘潮壮观的景象。此二句正常的语序应该是“一千里中秋月色，十万军半夜潮声”，之所以写成上述情形，乃是为了符合诗的平仄要求。“中秋”，交代钱塘潮发生的时间。“一千里色”，是夸张，写月色的皎洁，视野极其阔大。“十万军声”，是比喻也是夸张，突出强调钱塘潮汹涌澎湃的气势。之所以要用“一千里”、“十万军”之类的夸张词，是因为不夸不足以给人以深刻的印象。

一丘一壑也风流。

【注释】出自宋·辛弃疾《鹧鸪天》。风流，指风光美好。

【译文/点评】以“风流”写丘壑，既突出了丘壑之美，也拉近了人与自然的距离，突显了诗人对自然的热爱之情。

一水护田将绿绕，两山排闼送春来。

【注释】出自宋·王安石《书湖阴先生壁》。闼（tà），小门。排闼，推门。

【译文/点评】此写一水绕田、两山春到的景象，以拟人修辞手法，通过“护”、“将”、“绕”、“排闼”、“送”等动词，将山、水人格化，顿使青山绿水有了人的生命情态，更形亲切可爱。

一条寒玉走秋泉，引出深萝洞口烟。

【注释】出自唐·李群玉《引水行》。寒玉，指引水的竹筒。深萝洞，藤萝覆盖的洞。烟，指水溅起而生的水雾。

【译文/点评】此写秋日泉水泄出洞口而生烟的情状。

依然极浦生秋水，终古寒潮送夕阳。

【注释】出自清·彭孙遹《重建滕王阁落成》。浦，水边、岸边。终古，亘古以来。

【译文/点评】此写站在滕王阁上所见的景象：秋水在遥远的前方无边无际，寒潮伴夕阳的晚景亘古不变。这既是写景，更是在感叹历史。

疑是水仙梳洗处，一螺青黛镜中心。

【注释】出自唐·雍陶《题君山》。君山，在洞庭湖之中，又名湘山。水仙，即“水中仙女”之意。古代有神话传说云，舜妃湘君姊妹曾化为水中仙女遨游于洞庭湖山之上。

【译文/点评】此二句皆是从远观的视角来写君山，运用的是比喻修辞手法。前句将君山比作水中仙女梳洗之台，后句将水中倒映的君山比作是镜中仙女青黛色的螺髻。由于比得新颖，遂使原本死的山水活了起来，顿然有了人的灵性，让人遐思不已。

阴风怒号，浊浪排空；日星隐耀，山岳潜形。

【注释】出自宋·范仲淹《岳阳楼记》。怒号，怒吼。隐耀，指日月星辰都隐去了光辉。潜形，形影不见。

【译文/点评】此写连月阴雨时节洞庭湖风高浪急、日月无辉、山岳遁形的景象。

饮马长城窟，水寒伤马骨。

【注释】出自汉·陈琳《饮马长城窟行》。长城窟，即长城下一泉窟。郦道元《水经注》说：“余至长城，其下有泉窟，可饮马，古诗《饮马长城窟行》，信不虚也。”

【译文/点评】此写长城窟泉水之寒，意在渲染边地之苦寒。

应是水仙梳洗处，一螺青黛镜中心。

【注释】出自唐·雍陶《题君山》。一螺青黛，指做得像螺形的用以描眉的黛墨。镜，指洞庭湖像一面明镜。

【译文/点评】君山远望就像是水中仙女的梳妆台，又像女子描眉的黛墨放在明镜的中心。此以比喻修辞手法写洞庭湖中君山远望之中的形象，不禁让人由此及彼展开丰富的联想，对君山之美生出无限的向往之情。

余霞散成绮，澄江静如练。

【注释】出自南朝齐·谢朓《晚登三山还望京邑》。绮，有花纹的丝织品。练，白色的熟绢。

【译文/点评】落日余霞散射开来，就像铺开的锦缎一般；澄澈的江水静静地流淌着，蜿蜒而去，就像是一匹白色的素绢。此以比喻修辞手法写余霞、静江，用词新颖，形象生动，历来为人们所传诵。

雨过潮平江海碧，电光时掣紫金蛇。

【注释】出自宋·苏轼《望海楼晚景五首》（其二）。紫金蛇，指闪电。

【译文/点评】此写雨过风驻、潮平浪静、江海澄碧，但时有闪电掠过天空的景象。

欲识潮头高几许，越山浑在浪花中。

【注释】出自宋·苏轼《八月十五看潮五绝》（其二）。几许，多少。越山，指杭州附近的山峰，因杭州属于古代越国之地。浑，简直。

【译文/点评】此写八月十五钱塘潮气吞山河的壮观气势。

欲为平生一散愁，洞庭湖上岳阳楼。

【注释】出自唐·李商隐《岳阳楼》。岳阳楼，在今湖南岳阳市，临洞庭湖，为历代登临览胜之处。

【译文/点评】此言登临岳阳楼远眺洞庭湖，会有一种心旷神怡的感觉，平生的忧愁都能为之一扫而光。意在称颂洞庭湖风光的美好及岳阳楼览胜视角的优越。

猿愁鱼踊水翻波，自古流传是汨罗。

【注释】出自唐·韩愈《湘中》。汨（mì）罗，即汨罗江，相传为屈原投水自尽之处。

【译文/点评】此写汨罗江水流湍急、两岸猿鸣、水中鱼跃的景象，同时将屈原投江之事融入其中，使人由景联想，思接千古，感慨无限。

远村云里出，遥船天际归。

【注释】出自南朝梁·萧绎《出江陵县还二首》（其一）。

【译文/点评】此写远村隐隐、归舟远来之景。“云里出”、“天际归”，都是夸张修辞手法，意在强调“远村”之远、“遥船”之遥。

远峰带雨色，落日摇川光。

【注释】出自唐·岑参《林卧》。

【译文/点评】此写夕阳西下、远山烟绕雾罩、近水波光粼粼的景象。前句写远景，着眼于山与雾；后句写近景，着眼于水与光。如此远近结合，遂使画面丰富生动起来，使人在视觉收放之间都有无限的美感。

远峰带云没，流烟乱雨飘。

【注释】出自南朝梁·鲍至《奉和往虎窟山寺》。

【译文/点评】此写远山掩于云雾之中、烟霞伴随山雨飘洒的景象。

远山芳草外，流水落花中。

【注释】出自唐·司空曙《题鲜于秋林园》。

【译文/点评】碧草连天，远山隐隐；落花纷纷，小溪潺潺。这是此二句所写出的意境形象。前句由近而远，由草而山；后句由远而近，由水而花。两种视角两种绝对不同的景象，区区十字所勾勒出来的画面却异常丰富，色彩也非常鲜明，读之不禁令人无限神往，并为之而深深陶醉。

远声历历风和水，近色青青竹映松。

【注释】出自唐·绍伯《题福昌馆》。历历，清晰的样子。

【译文/点评】此写风声水声历历在耳、竹色松色青青在目的景象。“历历”与“青青”两个叠字的运用，前者强调风声水声的清晰情状，后者突出了翠竹映青松的色彩感。

月明三峡曙，潮满九江春。

【注释】出自唐·沈佺期《巫山高》。九江，即指长江，说“九江”是为了与前句“三峡”对仗。

【译文/点评】前句写三峡山高谷深，旭日升起之时仍然不见曙光，而只见明月在天的景象；后句写春天水涨，潮满大江的景象。前句写天上，后句写地上，前后映照，水光天色，尽在其中矣。

云开巫峡千峰出，路转巴江一字流。

【注释】出自明·吴本泰《送人之巴蜀》。巴江，指四川巫山到湖北巴东一段的长江。一字流，指笔直流淌。

【译文/点评】此写巫峡云开峰出、江水奔流的景象。前句写云雾散开后巫峡周边千峰竞出之景；后句写长江在巫山与巴东一带曲折东流之后奔流直下的景象。前句写山，后句写水，山水相衬，愈显峡谷之深、众峰之高、水流之急。

云来山更佳，云去山如画。山因云晦明，云共山高下。

【注释】出自元·张养浩《双调·雁儿落兼得胜令》。晦，暗。

【译文/点评】此写山与云相互依存的关系：山有云则显得含蓄神秘，山无云则青翠如画，山因云而时明时暗，山赖云而高下亦明。

云气嘘青壁，江声走白沙。

【注释】出自唐·杜甫《禹庙》。青壁，长满青苔的石壁。

【译文/点评】此二句之妙在于运用拟人修辞手法，将"云气"与"江声"人格化，使其分别有"嘘"、"走"的动作，且动感极强，将云气、江声（江水之声）写活。

云山海上出，人物镜中来。

【注释】出自唐·李白《赠王判官时余归隐居庐山屏风叠》。

【译文/点评】前句写山之高峻，山顶之上云雾缭绕，山顶犹如浮于海上一般；后句写水之清，水清如镜，人物犹如置身镜中。二句都是运用比喻修辞手法，形象生动地突显出了庐山屏风叠山水的胜境。

云山一一看皆美，竹树萧萧画不成。

【注释】出自唐·苏颋《扈从鄠杜间奉呈刑部尚书舅崔黄门马常侍》。萧萧，风声。

【译文/点评】此言白云在天、青山在眼都是可以感知的视觉之美，但是风动竹树之声的听觉美感则是难以描画得出的。

云深不见千岩秀，水涨初闻万壑流。

【注释】出自宋·吕本中《柳州开元寺夏雨》。壑，沟。

【译文/点评】此写云掩众峰难见、山雨万壑争流的景象。“千岩”、“万壑”，都是夸张，意在强调山多、壑多。

云树绕堤沙，怒涛卷霜雪。

【注释】出自宋·柳永《望海潮》。云树，指高大的树。霜雪，指浪涛的颜色像雪一样白。

【译文/点评】此写钱塘江高树绕堤岸、潮头如飞雪的景象。

云雾润蒸华不注，波涛声震大明湖。

【注释】出自元·赵孟頫《题济南趵突泉泺源堂联语》。华不注，即华不注山。

【译文/点评】此写趵突泉泉水涌出地面气蒸云天、声过波涛的壮观气势。

凿破苍苔地，偷他一片天。白云生镜里，明月落阶前。

【注释】出自唐·杜牧《盆池》。

【译文/点评】此写在苍苔之地凿出的盆池（小池）水面如镜、水清涵天、明月在阶的景象，突显的是一种小中见大的意境与主旨。

朝辞白帝彩云间，千里江陵一日还。两岸猿声啼不住，轻舟已过万重山。

【注释】出自唐·李白《早发白帝城》。白帝，指白帝城，在今重庆奉节县东。江陵，指江陵县，即今湖北江陵县。

【译文/点评】此写从长江上游顺水而下速度之快，同时也形象地写出了从白帝城到江陵城之间水流落差之大、水流之急的景象。“彩云间”，言白帝城地势之高，犹如处于彩云之间。后三句皆用夸张修辞手法，意在突出强调船行速度之快，同时也补充说明了白帝城与江陵城之间水流落差之大的意蕴。

瞻彼淇奥，绿竹猗猗。

【注释】出自先秦《诗经 · 卫风 · 淇奥》。瞻，看。彼，那。淇，淇水。奥，本指屋子里的西南角，此指水边深曲之处。猗猗（yī），美丽繁茂的样子。

【译文/点评】看那淇水岸弯处，郁郁葱葱绿竹映。这是两千多年前写水竹交相辉映美景之句，让人仿佛见到远古时代淇水之畔竹绿水碧之景。

浙江八月何如此，涛似连山喷雪来。

【注释】出自唐 · 李白《横江词六首》。浙江，指钱塘江。

【译文/点评】此写钱塘江八月潮水汹涌澎湃的壮观景象。“涛似连山”是比喻兼夸张，写的是钱塘潮的气势；“喷雪”是比喻，写的是钱塘潮水与浪花的颜色。

浙中山色千万状，门外潮声朝暮时。

【注释】出自唐 · 刘长卿《送陶十赴杭州摄掾》。

【译文/点评】此写杭州周围山色变化无穷、杭州城外朝暮潮起潮落之景。前句写山色，后句写潮声。由此，便构成了一幅有声有色的山水图卷。

震泽波光连别派，洞庭山影落中流。

【注释】出自宋 · 姚铉《松江》。震泽，即今江浙境内的太湖。别派，指别的支流。洞庭山，指太湖中的洞庭东山与洞庭西山。

【译文/点评】此写太湖汇合别的支流烟波浩荡，湖中二山倒映湖心的景象。

秩秩斯干，幽幽南山。

【注释】出自先秦《诗经 · 小雅 · 斯干》。秩秩，水流的样子。斯，这。干，通“涧”，溪流。幽幽，深远的样子。南山，即终南山，在今陕西西安市南。

【译文/点评】溪流潺潺流将去，南山幽深在远方。此写身边之水与远处之山，远近结合，山水相间，加以叠字修辞手法的运用，顿使平常的写景变得亲切有味起来，可谓是平常情事艺术化的典范。

钟山如龙独西上，欲破巨浪乘长风。

【注释】出自明·高启《登金陵雨花台望大江》。钟山，即紫金山，在今江苏南京市。

【译文/点评】此以比喻修辞手法将钟山比作乘风破浪的大舟，形象地写出了钟山由东向西延伸并逐渐抬升的雄伟气势。

众溪连竹路，诸岭共松风。

【注释】出自唐·刘长卿《登思禅寺上方题修竹茂松》。

【译文/点评】此写思禅寺所处环境的清幽宁静之境界。松、竹二物，在中国传统诗歌中都是代表高洁、劲拔意蕴的物象。而诗让高洁之竹与众溪之水相连、让劲拔之松与诸岭之风结合，遂使竹水相得益彰、松风互动成像。由此，竹借水更显高洁、水赖竹更显清澈，松因风而益显劲拔、风吹松而更显山高水深。

最爱东山晴后雪，软红光里涌银山。

【注释】出自宋·杨万里《雪后晚晴》。软红光，指柔和的阳光。银山，指白雪覆盖的山峰。

【译文/点评】此写东山雪后初晴、夕照柔和、白雪皑皑的景象。

坐看红树不知远，行尽青山不见人。

【注释】出自唐·王维《桃源行》。

【译文/点评】前句言桃源风景之美，让人乐而忘疲；后句写桃源环境清幽之景。

日月星辰

安寝北堂上，明月入我牖。照之有余晖，揽之不盈手。

【注释】出自晋·陆机《拟明月何皎皎》。寝，睡。牖(yǒu)，窗。盈，满。

【译文/点评】安眠北堂上，明月入我窗。清辉溢于室，可观不可握。此写明月入户、余晖满室、揽不盈手的可爱情状，表现了诗人浓厚的生活情趣。

暗尘随马去，明月逐人来。

【注释】出自唐·苏味道《正月十五夜》。暗尘，指马奔惊起的灰尘在夜色中看不分明。逐，追。

【译文/点评】此写夜晚马奔不见尘、明月追人行的景象。“逐人来”，是拟人修辞手法的运用，将明月人格化，使其带有人的生命情态，其意在于化平淡为生动。

暗水流花径，春星带草堂。

【注释】出自唐·杜甫《夜宴左氏庄》。带，环绕。

【译文/点评】此写春夜花下小径暗水静静流过、草堂之顶群星灿烂的景象。

白日沦西阿，素月出东岭。

【注释】出自晋·陶渊明《杂诗十二首》（其二）。沦，落。阿（ē），大山。素，白。

【译文/点评】此写日落西山、月升东岭的景象。在写景中暗寓了天地永恒、时光易逝的人生感悟。诗句以“白日”

对“素月”，以“西阿”对“东岭”，不仅形式上对仗工整，而且在对衬中扩大了诗句所表现的画面空间，使诗的意象、气象显得阔大辽远。因此，读之令人有回味无穷之感。

白日曜青春，时雨静飞尘。

【注释】出自三国魏·曹植《侍太子坐》。曜，通“耀”，照耀。青春，指浓绿的大地。

【译文/点评】此写太阳照大地、阵雨洗飞尘的景象。虽是平常的写景之句，但却气象阔大，给人回味的空间相当大。

碧潭宵见月，红树晚开花。

【注释】出自唐·宋鼎《酬故人还山》。碧潭，清澈的潭水。宵，夜。红树晚开花，是“树晚开红花”的倒装，是为了与前句构成对仗而在文字上故作颠倒。

【译文/点评】此写月映碧潭、夜树开花的景象。

冰轮斜辗镜天长，江练隐寒光。

【注释】出自宋·陈亮《一丛花》。冰轮，指又亮又圆的月亮。辗，转。镜天长，指圆月斜过天空仿佛将天空都拉长了一样。江练，指江水如白练。

【译文/点评】明月挂天上、明辉映长空，江水如白练、隐隐闪寒光。此写圆月横空、江流如练、月光皎洁、江水生寒的景象。表现的是一种静谧之美的境界，读之令人顿生平心静气之感。

参横斗转欲三更，苦雨终风也解晴。

【注释】出自宋·苏轼《六月二十日夜渡海》。参横斗转，指参星打横、斗星转向，意谓时间的推移。苦雨，指久下不停之雨。终风，一整天都刮个不停的风。解，懂得。

【译文/点评】此写时至三更、参横斗转、雨住风停的天象。后句将风雨人格化，说它们有善解人意的特性，这是拟人修辞手法的运用，不但使表达顿显形象生动，也表达了诗人对雨住风息的欣喜之情。

残星数点雁横塞，长笛一声人倚楼。

【注释】出自唐·赵嘏《长安晚秋》。

【译文/点评】此写月落星残、塞雁南飞、人倚高楼、长笛悲秋的景象。“残星”、“雁横塞”、“长笛一声”、“人倚楼”所表现的意象，虽然带有一种淡淡哀愁，读之让人顿生悲秋之情，但前后二句形声兼具的意象（“残星数点”是写形象，“雁横塞”则形象之中有声音；“长笛一声”写声音，“人倚楼”则是写形象），却让人有如见其形、如闻其声的现场感。

长安一片月，万户捣衣声。

【注释】出自唐·李白《子夜吴歌四首》。捣衣，指将织好的布帛放在砧上用杵捶击，使其柔软，然后再裁剪做成衣物。

【译文/点评】此写长安月夜千家万户捣衣之声，意在抒发人在异乡的乡思之苦。秋天捣衣裁剪成衣，自然令人想起远在他乡的游子的冷暖。

长烟一空，皓月千里。

【注释】出自宋·范仲淹《岳阳楼记》。长烟，指浮云。皓（hào），明亮。

【译文/点评】此写夜登岳阳楼所见之景：夜空无浮云、明月照千里。

春去秋来不相待，水中月色长不改。

【注释】出自唐·岑参《敷水歌送窦渐入京》。

【译文/点评】此言水中的月色不因季节的变化而变化。

翠影红霞映朝日，鸟飞不到吴天长。

【注释】出自唐·李白《庐山谣寄卢侍御虚舟》。吴天，指吴国，江西庐山旧属吴国。

【译文/点评】前句总摄庐山日出时的全景，后句写庐山与吴天之辽阔。“鸟飞不到”，极写庐山之高；“吴天长”，写登临庐山所见视野的开阔。用笔错综变化，写景富有层次感，在动态变化（日升、鸟飞）中写出了庐山的景色之美。

大瓢贮月归春瓮，小杓分江入夜瓶。

【注释】出自宋·苏轼《汲江煎茶》。

【译文/点评】此言用大瓢取水倒入瓮中，月影便投在瓮中；用小杓取水注入瓶中，江水便分到瓶中。

丹霞夹明月，华星出云间。

【注释】出自三国魏·曹丕《芙蓉池作》。

【译文/点评】此写红霞与明月相映、明星出没于云间的优美天象。前句写色彩，后句写动感。两相结合，就使所写的天象画面更形丰富多彩。

东船西舫悄无声，唯见江心秋月白。

【注释】出自唐·白居易《琵琶行》。舫，船。

【译文/点评】此写邻舟无声、江月皎洁的秋夜之景。表现的是一种静谧、柔和之美的境界。

东西生日月，昼夜如转珠。

【注释】出自唐·元稹《苦雨》。

【译文/点评】此以比喻修辞手法描写日月东升西落、日夜交替不息的景象，在叙事写景中使人由日月天地的永恒而联想到人类的生生不息。

东厢月，一天风露，杏花如雪。

【注释】出自宋·范成大《秦楼月》。

【译文/点评】此写月上东厢、满天风露、杏花盛开的夜景。以天上之月与地上杏花相辉映，在对衬中使月光越发显得皎洁，使杏花之白更加耀眼；以现实的露与虚拟的雪（杏花）相对，不仅使所写画面意象显得丰富，更在意象对比中让人展开丰富的联想，从而大大扩添了词句的审美价值。

冬日赖其温，夏日畏其烈。

【注释】出自明·冯梦龙《东周列国志》第四十八回。

【译文/点评】此言冬日让人觉得温暖、夏日酷烈让人望而生畏。晋人杜预所言“冬日可爱，夏日可畏”（《左传·文公七年》），说的也是这个意思。

二十四桥明月夜，玉人何处教吹箫?

【注释】出自唐·杜牧《寄扬州韩绰判官》。二十四桥，是古代扬州的胜迹之一。但有二说，一说二十四桥即吴家砖桥，相传古代有二十四位美人吹箫于桥上而得名；一说扬州城里所有的二十四座桥。玉人，也有两种理解，一是指美丽高洁的女子；二是喻风流俊美的才子。

【译文/点评】此二句之所以千古传诵，是因为它所写的意境让人有多种理解，形象大于思想。从诗题来说，此二句可以理解为：在扬州这样的风流之地，每当秋夜月明之夜，你（指友人韩绰）会在什么地方教歌妓吹箫取乐呢？这是诗人临别扬州之时调侃友人之语，同时也表达了自己对扬州这个风流温柔之乡的怀念之情。但是，由于“二十四桥”自古以来就与美女吹箫的传说相联系，“玉人”又可理解为歌妓舞女，还有“明月夜”特定的意境，遂使诗的内涵顿然丰富起来，给人联想的空间就扩大了，意境也深远了。这便是诗句意象“模糊”的美。

飞星过水白，落月动沙虚。

【注释】出自唐·杜甫《中宵》。飞星，指流星。落月，指月亮移动。沙虚，指沙滩。

【译文/点评】此写流星飞动、月亮西沉的景象。前句言流星飞过将江水照白，后句言月影移动仿佛带动了沙滩。

浮光跃金，静影沉璧。

【注释】出自宋·范仲淹《岳阳楼记》。跃金，金光闪动。沉璧，指月影像沉入水中的宝玉。

【译文/点评】此写夜晚月光照在水面波光粼粼、明月映水犹如玉璧沉水一般的美丽景象。

俯视清水波，仰看明月光。天汉回西流，三五正纵横。

【注释】出自三国魏·曹丕《杂诗二首》（其一）。天汉，银河。回西流，银河转西，表示夜已深。三五，泛指群星。

【译文/点评】此写夜深所见之星空景象：月映水中、银河西转、群星纵横。

更深月色半人家，北斗阑干南斗斜。

【注释】出自唐·刘方平《月夜》。半人家，指月亮西斜、月光半入人家。阑干，纵横交错的样子。此指隐退之意（阑，残余）。

【译文/点评】此写夜深月斜、北斗隐退、南斗横斜、月光入户的景象。

孤灯闻楚角，残月下章台。

【注释】出自唐·韦庄《章台夜思》。楚角，楚地特色的号角声。章台，指章华台，战国时代楚王所建的亭台。

【译文/点评】此言昔日楚国的音乐还有遗存，当年楚王游乐的章华台也还存在，但历史已经推进到唐代，往事如烟，昔日的繁华早已不复存在。这是触景生情的咏史怀古之辞。“孤灯”、“残月”的细节交代，则让这种历史的感慨带有一份淡淡的哀伤色彩。

寒砧万户月如水，寒雁一声霜满天。

【注释】出自元·萨都刺《题扬州驿》。砧（zhēn），捣衣石。寒砧，指秋夜捣衣之声。

【译文/点评】此写月光如水、万家砧声、北雁南飞、霜露满天的秋夜之景。

虹随余雨散，鸦带夕阳归。

【注释】出自唐·储嗣宗《秋墅》。

【译文/点评】此写雨收虹散、夕阳西下、鸦雀归林的景象。

嘒彼小星，三五在东。

【注释】出自先秦《诗经·召南·小星》。嘒（huì），明亮的样子。

【译文/点评】此写闪烁的小星三五相聚于东方之空的情景。

火云洗月露，绝壁上朝暾。

【注释】出自唐·杜甫《贻华阳柳少府》。火云，红云。暾（tūn），刚出来的太阳。绝壁上朝暾，语序应是“朝暾上绝壁”。

【译文/点评】此写红云满天、月华露尽、朝日上壁的景象。

江天一色无纤尘，皎皎空中孤月轮。

【注释】出自唐·张若虚《春江花月夜》。

【译文/点评】此写月圆如轮、光照江天、水光天影、浑然一体的春夜景象。

江月去人只数尺，风灯照夜欲三更。

【注释】出自唐·杜甫《漫成一首》。

【译文/点评】此写三更时分江月低垂、风灯照夜的景象。

今人不见古时月，今月曾经照古人。

【注释】出自唐·李白《把酒问月》。

【译文/点评】此言月亮的永恒性，意在慨叹人生的短暂性。

可怜今夜月，不肯下西厢。

【注释】出自金·王庭筠《绝句》。可怜，可爱。

【译文/点评】此以比拟修辞手法将月亮人格化，使月亮带有人的生命情态，从而通过写月亮的有情而暗写出看月人痴望月华不肯入眠的深情。

可怜九月初三夜，露似真珠月似弓。

【注释】出自唐·白居易《暮江吟》。可怜，可爱。真珠，珍珠。

【译文/点评】此以比喻修辞手法写深秋之夜月似弯弓、露似珍珠的景象。九月初三并不是什么特别的日子，但是诗人以“露似真珠月似弓”一句，将这一天写得让人终生难忘。“露似真珠”、“月似弓”，各是一个比喻，将秋夜新月初照下露珠闪烁的光泽，新月初升、如弓高悬的情景压缩于一句之中，从而以景补叙，强化了前句所说“九月初三夜”的“可怜”（可爱）之意。

磊落星月高，苍茫云雾浮。

【注释】出自唐·杜甫《发秦州》。磊落，多而杂乱的样子。

【译文/点评】此写群星纷呈、月升高空、云雾苍茫的景象。

梨花院落溶溶月，柳絮池塘淡淡风。

【注释】出自宋·晏殊《寓意》。溶溶，指月色柔和、温润的样子。

【译文/点评】此写月光柔和、洒满梨花院落，晚风轻吹、拂起池塘柳絮的夜景。两个写景之句不用任何一个动词，全由名词或名词性词组铺排在一起，犹如电影“蒙太奇”手法，意象开阔，意境深远，留给读者的想象空间也显得更多。同时，叠字“溶溶”与“淡淡”的运用，不仅生动地再现了月色的柔和与晚风的轻微之态，也使诗句在对仗形式上更趋工整、在音律上别添了许多美感。

流波将月去，潮水带星来。

【注释】出自隋·杨广《春江花月夜二首》（其一）。将，带。

【译文/点评】此言明月映水、随波隐现，繁星在水、随潮涨落的景象。隋炀帝虽是无道昏君，但看他如此写景手笔，则不失是一个才华横溢的诗人。

楼上黄昏杏花寒，斜月小栏干。

【注释】出自宋·阮阅《眼儿媚》。

【译文/点评】此写黄昏时分小楼春寒、杏花暗开、月上栏干的景象。

楼外凉蟾一晕生，雨余秋更清。

【注释】出自宋·万俟咏《长相思》。蟾，指月亮，月亮有蟾宫之称。晕，月晕。

【译文/点评】此写楼外秋寒、凉月生晕、雨后气清的夜色。

露花疑濯锦，泉月似沉珠。

【注释】出自隋·孔德绍《登白马山护明寺》。濯（zhuó），洗。锦，有彩色花纹的丝织品。

【译文/点评】沾露的花朵就像是洗过的织锦，映入泉水中的明月就像是玉璧沉入水底。此以比喻修辞手法写花朵沾露、月映泉水的形象。

落日鸟边下，秋原人外闲。

【注释】出自唐·王维《登裴迪秀才小台》。

【译文/点评】在鸟飞望不见之处，夕阳徐徐落下；无人活动的秋原，显得格外宁静。此写登台所见秋夕之景。

落日送归鸿，夕岚千万重。

【注释】出自宋·苏庠《菩萨蛮》。归鸿，北飞的大雁。岚（lán），山上的雾气。

【译文/点评】此写落日伴飞雁、云雾绕山巅的景象。“千万重”，是夸张，强调山上云雾之浓。

落日照秋山，千岩同一色。

【注释】出自唐·储光羲《田家杂兴八首》（其二）。

【译文/点评】此写秋日黄昏时分夕阳余晖照射群山，千岩万峰同沐于红霞之中的景象。

满载一船明月，平铺千里秋光。

【注释】出自宋·张孝祥《西江月》。

【译文/点评】此写词人由湖南往湖北赴任途中，船行湘江之中所见秋色明月的景象。前句运用比拟修辞手法，将无形的月光有形化，使披星戴月行船之旅更富诗情画意。后句运用夸张修辞手法，突出强调了满目山水之间均带秋色的形象。

梦觉隔窗残月尽，五更春鸟满山啼。

【注释】出自宋·张耒《福昌官舍》。觉，睡醒。

【译文/点评】此写五更时分残月在天、鸟鸣山中、梦破觉醒的春夜情景。

明月别枝惊鹊，清风半夜鸣蝉。

【注释】出自宋·辛弃疾《西江月》。别枝，指旁出的小枝。

【译文/点评】此写明月辉映、惊起别枝之鹊，清风徐来、夜半蝉惊而鸣的景象。前句着重表现的是月光的明亮，以“惊鹊”暗衬出这层意思（鹊以为月光是日光才会惊起）；后句着重要表现的是清风之凉，以“鸣蝉”烘托出此意（蝉燥热时鸣叫，秋凉时也鸣叫）。前句写视觉形象，后句写听觉形象。如此，视听觉形象结合，便让人有一种如临其境之感。

明月澄清景，列宿正参差。

【注释】出自三国魏·曹植《公宴》。宿，指星宿。

【译文/点评】此乃写月明星稀、天地澄清之夜景。

明月出天山，苍茫云海间。

【注释】出自唐·李白《关山月》。

【译文/点评】此写明月初升、云海苍茫的景象。明月挂于天山，已经显得遥不可及了；而兼之以苍茫云海的烘托，则使明月更显一种朦胧之美。由此，让人对这天山之上、云海之中的明月有一种“马上看壮士，月下看美人”的距离感。因为有距离，所以益显明月的美不可及。

明月几时有，把酒问青天。

【注释】出自宋·苏轼《水调歌头》。把，拿、持。

【译文/点评】此句的正常语序是“把酒问青天，明月几时有”。此以“明月几时有”居前表达，突出强调的是对明月的盼望之情。而盼望明月的背后，则是寄予了词人希望月圆而与弟弟苏辙团聚的深切之情。

明月净松林，千峰同一色。

【注释】出自宋·欧阳修《自菩提步月归广化寺》。

【译文/点评】此写明月朗照、松林如洗、千峰同色的夜景。

明月满江人不见，白鸥双立钓鱼矶。

【注释】出自宋·韩兼山《夜归》。

【译文/点评】此写明月映江、白鸥双立、寂寥无人的静谧夜景。

明月却多情，随人处处行。

【注释】出自宋·张先《菩萨蛮》。

【译文/点评】此以拟人修辞手法，将明月人格化，从而形象地写出了明月普照大地、无处不见的形象。

明月隐高树，长河没晓天。

【注释】出自唐·陈子昂《春夜别友人》。长河没晓天，指微明的天空使银河显得不明显。

【译文/点评】此写月隐树间、天色微明、星汉不朗的景象。

明月有情还约我，夜来相见杏花梢。

【注释】出自清·袁枚《春日杂诗》。

【译文/点评】此以拟人修辞手法将明月人格化，形象生动地写出了明月映杏花的春夜之景，让人倍感亲切，情趣盎然。

明月照高楼，流光正徘徊。

【注释】出自三国魏 · 曹植《怨歌行》。流光，指月光如水般流动。

【译文/点评】此写明月照楼，月华如水，光影徘徊于高楼之上的夜景。“流光”是比喻，“徘徊”是拟人。

暮霭生深树，斜阳下小楼。

【注释】出自唐 · 杜牧《题扬州禅智寺》。霭（ǎi），云气。

【译文/点评】此写云气笼树、夕阳隐于小楼之后的晚景。表现的是一种朦胧、静谧的美感境界。

暮云收尽溢清寒，银汉无声转玉盘。

【注释】出自宋 · 苏轼《中秋月》。银汉，银河。玉盘，指月亮。

【译文/点评】此写中秋节傍晚浮云散尽、天气趋凉，银河灿烂、月亮升起的景象。

徘徊花上月，空照可怜宵。

【注释】出自唐 · 沈亚之散句。可怜，可爱。宵，夜晚。

【译文/点评】此以拟人修辞手法，将月亮人格化，使其带有人的生命情态（“徘徊”、“空”），从而化平淡为生动，形象地再现了月移于花间、夜色宁静的情境。“空照”，言无人，意谓夜晚宁静。

飘然一叶乘空度，卧听银潢泻月声。

【注释】出自宋 · 孔武仲《五鼓乘风过洞庭湖》。一叶，指小船如一片树叶，比喻其小。银潢，指银河。

【译文/点评】洞庭湖一碧万顷，明月星空倒映其中，小船荡漾于湖上，就像行进在天空之中；银河横空，星汉灿烂，卧于舟中，仿佛听到银河之浪冲击月亮的潺潺之声。此写夜泛洞庭湖所见景象，意境阔大，想象丰富，读之令人回味无穷。

七八个星天外，两三点雨山前。

【注释】出自宋·辛弃疾《西江月》。

【译文/点评】天暗星稀、欲雨而止，这都是常见的天象，本没有什么好写。但是，在词人笔下，通过对仗工整的形式，通过“天外”与“山前”两词所营造的阔大辽远的意境，遂使平常的天象描写顿然显得生动起来，让人有无穷的联想空间。

青天明月来几时，我今停杯一问之。

【注释】出自唐·李白《把酒问月》。

【译文/点评】此写把酒望天、期盼月明的情景，表现的是诗人浪漫的情怀。

清迥江城月，流光万里同。

【注释】出自唐·张九龄《秋夕望月》。清，指皎洁。迥，远。流光，月光。

【译文/点评】江城的月亮皎洁而高远，它的光辉应该与万里之外的家乡看起来没有两样吧。此写望月思乡的深切之情。

秋天万里一明月，西风吹梦飞关河。

【注释】出自金·李纯甫《送李经》。

【译文/点评】此乃望月怀人之句。前句“万里一明月”，所要表现的是阔大的视觉形象；后句“吹梦飞关河”，表现的是悠远的梦中之境。前句句首冠以“秋天”，既交代了望月的时间，也说明了“万里一明月”的视觉形象得以产生的原因（秋天天高气爽）。后句句首用“西风”一词，既使“飞关河”有了着落，也使送友人带有深深的凄切之感。

缺月挂疏桐，漏断人初静。

【注释】出自宋·苏轼《卜算子》。缺月，指上弦月或下弦月，不圆的月亮。漏断，指夜深。古代以漏壶计时，壶中水滴完便是深夜。

【译文/点评】此写夜深人静、梧桐叶疏、月挂其上的情景。动词“挂”写月亮悬于树间的情状，正是此句精彩之笔，读来格外形象生动。

人攀明月不可得，月行却与人相随。

【注释】出自唐·李白《把酒问月》。

【译文/点评】前句写明月可望而不可即，后句写明月有情常随人。

日出而林霏开，云归而岩穴暝。

【注释】出自宋·欧阳修《醉翁亭记》。霏，雨雪或烟云很盛的样子。林霏，林中的雾气。暝，幽暗、昏暗。

【译文/点评】此写早晚山中的景色：日出林雾散、日落山中暗。

日华川上动，风光草际浮。

【注释】出自南朝齐·谢朓《和徐都曹出新亭渚》。日华，太阳的光彩。风光，是“光风”的语序倒置，指雨后日出，阳光照在草木上泛出的光泽。

【译文/点评】此写阳光照着波光粼粼的河面、雨后的草木上闪着熠熠光泽的景象。

三五明月满，四五蟾兔缺。

【注释】出自汉·无名氏《古诗十九首·孟冬寒气至》。三五，指阴历的每月十五。四五，指阴历的每月二十。蟾兔，指月中传说的蟾蜍、玉兔，代称月亮。

【译文/点评】此写十五月圆、二十月缺的天象规律。

山头看月近，草上知风急。

【注释】出自南朝梁·戴暠《度关山》。

【译文/点评】此以山顶看月、草上知风为喻，说明“视点决定境界”的道理。

山寺月中寻桂子，郡亭枕上看潮头。

【注释】出自唐·白居易《忆江南词三首》（其二）。山寺，指杭州的天竺寺、灵隐寺。桂子，即桂花。郡亭，即杭州郡守内署的虚白亭。

【译文/点评】此写山寺月中赏桂、郡亭卧看江潮的情趣。

山虚风落石，楼静月侵门。

【注释】出自唐·杜甫《西阁夜》。

【译文/点评】此写山林萧条、风吹过石，夜深楼静、月光入户的景象。

深林人不知，明月来相照。

【注释】出自唐·王维《竹里馆》。

【译文/点评】此写山中除了明月而别无人迹的幽静之境。

疏钟未彻闻寒漏，斜月初沉见远灯。

【注释】出自宋·杨徽之《汉阳夜泊》。彻，通“撤”。漏，指古代滴水计时的器物。

【译文/点评】此写午夜过后（前句说的是“午夜”这一

概念），月亮开始西沉，远村尚有灯火闪烁的景象。

数点雨声风约住，朦胧淡月云来去。

【注释】出自宋·贺铸《蝶恋花》。约，制约。

【译文/点评】此写风起雨住、月出云中的景象。

水光浮落照，霞彩淡轻烟。

【注释】出自唐·李百药《奉和初春出游应令》。

【译文/点评】此写夕阳余晖映水面、薄暮轻烟淡霞光的景象。

水似晴天天似水，两重星点碧琉璃。

【注释】出自唐·李涉《题水月台》。两重星，指天上之星与水中倒映之星。琉璃，形容水碧如琉璃。

【译文/点评】此写水天一色、碧水映星的夜景。

烁烁三星列，拳拳月初生。

【注释】出自汉·无名氏《旧题李陵赠苏武诗》。烁烁（shuò），光亮闪耀貌。三星，指参宿三星。拳拳，此指月亮弯弯之貌。

【译文/点评】此写初月与参宿三星辉映天空之景。“烁烁”写参宿三星明亮闪烁之状，“拳拳”写初生之月弯弯之形。

松排山面千重翠，月点波心一颗珠。

【注释】出自唐·白居易《春题湖上》。

【译文/点评】此写松树林立成排、翠色重叠，月映水中、犹如珍珠的春夜景色。

太阳初出光赫赫，千山万山如火发。一轮顷刻上天衢，逐退群星与残月。

【注释】出自宋·赵匡胤《咏初日》。衢（qú），大路、四通八达的道路。

【译文/点评】此乃宋太祖早年咏日之诗，写太阳一出而群星残月皆隐退的自然景象。看似写景，实是借景抒情，表达其驱逐天下群雄、一统天下的壮志雄心。据说这首诗原来是这样的："欲出未出光辣挞，千山万山如火发，须臾走向天上来，逐却残星赶却月。"后来赵匡胤做了皇帝，被一些捧屁文人作了雅化修改，才写成了上面的样子。其实，比较一下，还是原作好，最能体现赵氏未曾发达时的草莽武夫气概。

天河夜转漂回星，银浦流云学水声。

【注释】出自唐·李贺《天上谣》。浦，水边，岸边，小河流入江海的入口处。

【译文/点评】此二句乃是写星空之景。前句写视觉，以"漂"字将天河坐实为"河"，想象奇特，动感极强。后句写听觉，以"浦"字形象地写出天河也有汇入大海的入口，并以拟人修辞手法形容飘过天河河口的云彩学着水流之响发出潺潺之声。由此，视觉与听觉形象交相辉映，共同构拟出了一幅"有声有色"的天庭图画，让人思之味之，浮想联翩。

天下三分明月夜，二分无赖是扬州。

【注释】出自唐·徐凝《忆扬州》。无赖，这里不是贬义，而是爱极的昵称，有"可爱"之义。

【译文/点评】此言天下月色三分，扬州独占二分，意在赞美扬州的月色之美。见月思人，乃是人之常情。尤其是情人之间，对此更是敏感。因为花前月下，是情人们最浪漫的时空所在。"天下三分明月夜，二分无赖是扬州"二句，通过侧笔极写扬州月色的可爱，以此表现对扬州、对佳人的难舍之情。

其所创造的“月色恼人”的意境，对宋代王安石写出“春色恼人眠不得，月移花影上栏杆”之句，无疑是有直接影响的。至于“三分”、“二分”的说法，对宋人苏轼“春色三分，二分尘土，一分流水”的名句创造，也不能说没有直接影响。

迢迢牵牛星，皎皎河汉女。

【注释】出自汉·无名氏《迢迢牵牛星》。迢迢，遥远貌。皎皎，明亮貌。牵牛星，即天鹰星座主星，即河鼓二，俗称扁担星，在银河之东。河汉，即银河。河汉女，指织女星，在银河之西，与牵牛星相对。中国古代神话传说中的牵牛为夫，织女为妇，二人相思，隔河相见，即说的是此二星。

【译文/点评】“迢迢”状牵牛星之遥远，“皎皎”写织女星之明亮。其实这二句运用的是互文修辞手法，“迢迢”与“皎皎”在此二句中“互文见义”，两个叠音词是同时状写牵牛星与织女星的，即迢迢且皎皎的牵牛星与织女星。

万影皆因月，千声各为秋。

【注释】出自唐·刘方平《秋夜泛舟》。

【译文/点评】此写明月在天、万物有影，千声竞起、皆显秋意的秋夜之景。

微云淡河汉，疏雨滴梧桐。

【注释】出自唐·孟浩然散句。河汉，银河。

【译文/点评】此写骤雨初歇、零星雨点滴打梧桐，微云飞度、银河淡淡若隐若现的景象。

惟有前峰明月在，夜深犹过半江来。

【注释】出自唐·任翻《三游巾子山寺感述》。犹，还。半江来，指半夜退潮后只有一半江水的钱塘江。

【译文/点评】此以拟人修辞手法，将明月人格化，使其带有人的生命情态（半夜过江相随），从而化平淡为生动，将夜深月移、江水退潮的平常现象写得趣味横生，让人回味无穷。

五更鼓角声悲壮，三峡星河影动摇。

【注释】出自唐 · 杜甫《阁夜》。鼓角，指古代军中用以报时或发号施令的鼓声和号角声。

【译文/点评】此诗是杜甫大历元年（766）居于夔州西阁时所作。其时，“安史之乱”虽已平定，但西川军阀混战不断，吐蕃也时有侵扰。“五更鼓角声悲壮”一句，以“五更”与“鼓角声”相匹配，暗示出时局的紧张，不然何以“五更”时分还有“鼓角声”？“声悲壮”写声音，突出的是诗人对时局忧虑之深，以致五更不眠，才从鼓角声中听出了“悲”。“三峡星河影动摇”一句，写的则是星夜的三峡之景：天上星光灿烂，三峡波光粼粼，银河倒映于江水之中，水天一色。这又是一幅多么美丽的景象呢！何以前句写悲，后句却突兀地写喜呢？这是诗人有意以美景衬悲情，使悲情益发悲切的修辞策略。

午夜江声推月上，浪花如雪寺门前。

【注释】出自元 · 郑元祐《寄金山普衲》。

【译文/点评】此写月上中天、江风陡起、浪花如雪的午夜寺门之景。

夕阳如有意，长傍小窗明。

【注释】出自唐 · 方棫《失题》。如，好像。

【译文/点评】此以比拟修辞手法将夕阳人格化，使落日依山之景带有人类依依不舍的生命情态，遂使平常的事物艺术化，读之令人回味无穷。

夕阳无限好，只是近黄昏。

【注释】出自唐·李商隐《乐游原》。只是，就是，正是。

【译文/点评】夕阳西下，残阳如血，彩霞满天，这何尝不是一种美景呢？诗人此二句所写，正是这种黄昏时分的美景，表达的是一种欣喜的心境。可是，由于历来很多诗家误解了唐代的“只是”一词，将其等同于近现代“只不过”、“但是”之义的“只是”，于是这两句诗便变成了诗人消极颓废心境的反映。由此，后人引用此二句时往往也就落足于叹惜人生晚景的层面上了。这真是一个“美丽的错误”！

夕阳一片寒鸦外，目断东南四百州。

【注释】出自宋·汪元量《湖州歌》。四百州，代指南宋的统治区域。目断，望断。

【译文/点评】此乃诗人在南宋灭亡后被押往元都燕京（今北京）途中所写之句。前句是写夕阳西下、寒鸦飞天的景象，后句是写诗人循着寒鸦飞动、夕阳西下的方向深情回望南宋故土的形象。这两句写景，虽意不在写景，而是为了以景衬情，表现诗人对故国的无限留恋之情，但其所勾勒的景象却充满了一种苍凉凄美之感，境界也显得特别阔大，读之让人回味无穷，感慨不已。

溪涨清风拂面，月落繁星满天。

【注释】出自宋·陆游《夏日六言》。

【译文/点评】此写拂晓前溪流涨水、清风送爽、月落西天、繁星点点的景象。

细烟生水上，圆月在舟中。

【注释】出自唐·祖咏《过郑曲》。

【译文/点评】此写夜晚江上水汽上腾、明月照舟的景象。

晓月暂飞高树里，秋河隔在数峰西。

【注释】出自唐·韩翃《宿石邑山中》。晓月，指拂晓时分的月亮。秋河，指银河。

【译文/点评】此写天将拂晓之时月隐树间、银河西沉的景象。

斜阳冉冉春无极。

【注释】出自宋·周邦彦《兰陵王》。

【译文/点评】此写春意无限、夕阳西下的景象。叠字“冉冉”的运用，既写出了夕阳慢慢沉没的形象，又表达了诗人依依不舍的情感，包括对无限春光的留恋与夕阳依山之景的欣赏。

斜阳如有意，偏傍小窗明。

【注释】出自宋·贺铸《鸳鸯梦》。如，好像。

【译文/点评】此以拟人修辞手法，将斜阳人格化，使其带有人的生命情态（“有意”、“偏”），从而化平淡为生动，形象地再现了夕阳西下、小窗明亮的情景。

星汉淡无色，玉镜独空浮。

【注释】出自宋·范成大《水调歌头》。星汉，指银河。玉镜，指月亮。

【译文/点评】此写月亮朗照、星空黯淡的景象。

星临万户动，月傍九霄多。

【注释】出自唐·杜甫《春宿左省》。万户动，指宫殿的千门万户星光闪耀。九霄，指极高的天宇。

【译文/点评】此写星耀宫殿、月在天穹的景象。前句写宫殿之高大，后句写月亮之深远。

旭日衔青嶂，晴云洗绿潭。

【注释】出自唐·释寒山《诗》。

【译文/点评】初升的太阳露出地面，就被远处的青山遮去一半；晴日天空的云彩倒映于绿水之中，好像被洗过一样的洁净。此写旭日东升、晴空彩云、远山近水浑然一体的景象。

烟中列岫青无数，雁背夕阳红欲暮。

【注释】出自宋·周邦彦《玉楼春》。岫（xiù），峰峦。烟中列岫，指烟雾笼罩下的群山。青无数，浓绿之景绵绵不绝。雁背夕阳，指夕阳照射在雁背之上。红欲暮，指西天被夕阳染红、天色行将傍晚。

【译文/点评】此写远山无数、青翠欲滴，雁飞夕阳中、红霞满西天的景象。

眼前红日又西斜，疾似下坡车。

【注释】出自元·马致远《双调夜行船》。

【译文/点评】此以下坡之车为喻，写夕阳西沉之快的情景。

滟滟随波千万里，何处春江无月明。

【注释】出自唐·张若虚《春江花月夜》。滟滟，水光闪动的样子。

【译文/点评】此写明月在天、光映春江、江流千里的春夜之景。

野火初烟细，新月半轮空。

【注释】出自南朝陈·江总《秋日登广州城南楼》。野火，指野外烧田之火，秋天烧去田中榛莽，代替施肥。空，此指朦胧的样子。

【译文/点评】此写傍晚登楼所见野火烟细、新月朦胧的景象。

夜深静卧百虫绝，清月出岭光入扉。

【注释】出自唐 · 韩愈《山石》。百虫绝，指所有虫鸣之声都停止了。

【译文/点评】此写夜深人静、万籁俱寂、明月出岭、清光入户的情景。

一道残阳铺水中，半江瑟瑟半江红。

【注释】出自唐 · 白居易《暮江吟》。瑟瑟，指清碧的样子。

【译文/点评】此写夕阳照水、波光粼粼的景象。前句写夕阳徐徐落下、余晖遍照水面之状，但是却不用“照”字，而选了个“铺”字，既暗中点出了“残阳”此时已到了贴近地平线的高度，又表现了秋日的夕阳光照的柔和、安闲，既形象，又传神。后句以江水的半碧半红，暗写出秋江缓缓流动、江面时有微波、水光瞬息万变的景象。于“不著一字”中将秋日夕阳西下时的秋江之美与诗人自己的欣喜之情表露无遗。两句虽是写水，表现的却是一种静谧的美，犹如一幅画，色彩感非常强。

一轮秋影转金波，飞镜又重磨。

【注释】出自宋 · 辛弃疾《太常引》。秋影，指中秋的月亮。金波，指月光。

【译文/点评】此写中秋的月亮皎洁明亮，仿佛是铜镜刚磨过一样。比喻形象新颖，顿使平淡情事充满了特别的情趣。

一轮霜月落，万里塞天空。

【注释】出自唐 · 王贞白《胡笳曲》。霜月，指月光非常明亮，皎洁如霜。塞天，指塞外的天空。

【译文/点评】此写塞外拂晓时分月落星稀、天高地阔的景象。“万里”是夸张，极言塞外地阔天空之状。同时，说“万里”也为了与前句“一轮”构成对仗。

一抹残红犹未敛，半钩新月挂檐低。

【注释】出自宋·孙觌（dí）《西徐上梁文》。残红，指夕阳的余晖。犹，还。敛，收。

【译文/点评】此写夕阳余晖未尽、新月已挂檐间的景象。“半钩”，是比喻，写新月的形状。

应嫌素面微微露，故着轻云薄薄遮。

【注释】出自宋·徐俯《鹧鸪天》。素面，此指皎洁的月亮。着，派遣。

【译文/点评】此写薄云遮月之景。但诗句不直写，却以拟人修辞手法将月亮人格化，说月亮略露云层是素面微露，是故意派遣云彩薄遮的缘故。由此，原本平淡的写景便顿时生动形象起来。

影开金镜满，轮抱玉壶清。

【注释】出自唐·李华《海上生明月》。

【译文/点评】月亮刚从海面升起之时，就像一面金色的镜子一样圆满；月上中天之时，月光则像玉壶一样清澈皎洁。此写月亮在天空不同位置上从不同视角所见的形象。

月出惊山鸟，时鸣春涧中。

【注释】出自唐·王维《鸟鸣涧》。时，不时、偶尔。

【译文/点评】此写月明野静的春夜之景。前句写月出使鸟儿误以为又到了白天，吓得不敢栖息，意在突出明月的皎洁；后句写山涧之中不时响起一二鸟鸣之声，突出的是春夜山涧的静寂。

月出于东山之上，徘徊于斗牛之间。

【注释】出自宋·苏轼《前赤壁赋》。斗牛，指二十八宿中的斗宿与牛宿。

【译文/点评】此以拟人修辞手法，将月亮人格化，不说月亮在斗宿与牛宿两星之间移动，而以写人的动词“徘徊”以状其移动之貌，使表达顿然生动形象起来，读来也倍觉亲切有味。

月光如水水如天。

【注释】出自唐·赵嘏《江楼感旧》。

【译文/点评】此以两个比喻句捏合在一起而成一句诗，形象生动地描写了月光皎洁、水天一色的夜景。

月光无情本无恨，何事对我空茫茫?

【注释】出自金·边元鼎《八月十四日对酒》。

【译文/点评】此写望月惆怅之情。月光本非人，本来就无所谓情与恨，但是诗人却故意特别提出“情”、“恨”二字。这是“此地无银三百两”的表达法，目的是欲盖弥彰地泄露出自己望月惆怅的情感。

月皎疑非夜，林疏似更秋。

【注释】出自南朝梁·庾肩吾《奉和春夜应令》。

【译文/点评】此写初春之夜所见月色与夜景。前句写月色的皎洁，让人觉得是白天，突出的是“月明”；后句写树木初发，疏落如同秋日落叶之时，指明的是“初春”。

月明见潮上，江静觉鸥飞。

【注释】出自唐·张籍《宿临江驿》。

【译文/点评】此写月下观潮、静江看鸥的情景，在对比中突出其动感。

月明看岭树，风静听溪流。

【注释】出自唐·张九龄《耒阳溪夜行》。

【译文/点评】此写月明岭树历历在目、风静溪水潺潺流动的夜景。有视觉形象，也有听觉形象，读之仿佛让人有如闻其声、如临其境之感。

月明松影路，春满杏花山。

【注释】出自唐·姚合《游杏溪兰若》。

【译文/点评】此写月明路洒松影、春山满是杏花之景。

月色更添春色好，芦风似胜竹风幽。

【注释】出自唐·贾至《别裴九弟》。

【译文/点评】此写月色皎洁、芦风清幽的春夜之景。

月色溶溶夜，花阴寂寂春。

【注释】出自金·董解元《西厢记诸宫调》（卷一）。溶溶，此指月色柔和的样子。寂寂，此指寂静的样子。

【译文/点评】此写月色柔和、花阴重重、微风不起的春夜景象。“溶溶”和“寂寂”皆是运用叠字修辞手法，前者写月色柔和之情态，后者暗示寂静无风之情形。

月色醉远客，山花开欲燃。

【注释】出自唐·李白《寄韦南陵冰余江上乘兴访之遇寻颜尚书笑有此赠》。开欲燃，指花开得像火一样红。

【译文/点评】此写春夜月色映山花的景象。前句写月色皎洁迷人之态，以“醉远客”强调之；后句写山花颜色红艳之状，以“开欲燃”形容之。

月上西陵千里阔，渔舟夜火隔沙明。

【注释】出自唐·李侍御《浪淘沙》散句。

【译文/点评】此写月上西陵、朗照千里，渔舟夜泊、渔火映沙之景。前句写远景，后句写近景，前句重在天上，后句重在水中，由此构成了天上与地上、山上与水中、月亮与夜火两两映照的图画，意境开阔，层次分明。

月斜树倒影，风至水回文。

【注释】出自南朝梁·庾丹《秋闺有望》。文，同“纹”，波纹、涟漪。

【译文/点评】此写月亮西沉、树影斜映水中，风生水起、涟漪无数之景。

月影沉秋水，风声落暮山。

【注释】出自唐·灵一《酬陈明府舟中见赠》。

【译文/点评】此写水映月影、风起山林的秋夜之景。

云薄月昏寒食夜，隔帘微雨杏花香。

【注释】出自唐·韩偓《寒食夜有寄》。

【译文/点评】此写寒食节之夜月暗云淡、微雨袭帘、杏花飘香之景。

云光侵履迹，山翠拂人衣。

【注释】出自唐·裴迪《华子岗》。云光，指落日的余晖。

【译文/点评】此写落日余晖追着诗人脚步慢慢没于华子岗的情景以及山色青翠得几乎触手可及的感觉。由于运用了拟人修辞手法，以动词“侵”、“拂”与“云光”、“山翠（山色）”匹配，将非人类的无情之物——落日余晖与山色写活了，让人顿感亲切、倍感温馨。

朝晖夕阴，气象万千。

【注释】出自宋·范仲淹《岳阳楼记》。

【译文/点评】朝晨阳光灿烂，黄昏雾霭沉沉，景色变化无穷。此言洞庭湖景色之美及登临岳阳楼览胜的非同一般。

峥嵘赤云西，日脚下平地。

【注释】出自唐·杜甫《羌村三首》（其一）。日脚，指夕阳西下时透过云层而投下的光柱。

【译文/点评】满天红云恰似重峰叠嶂，峥嵘奇伟；夕阳的余晖透过云层洒落而下，好像生脚要落地。此以拟人修辞手法写红云、落日的景象，想象奇特，生动形象。

斫却月中桂，清光应更多。

【注释】出自唐·杜甫《一百五日夜对月》。斫（zhuó）却，砍去。月中桂，传说月亮上有桂树。

【译文/点评】此言月中要是没有阴影，月光会更皎洁。

风霜雨雪

白雪纷纷何所似？撒盐空中差可拟。未若柳絮因风起。

【注释】出自晋·谢安、谢朗、谢道韫《咏雪联句》。第一句为谢安所咏，第二句为谢朗（谢安兄子）所咏，第三句为谢道韫（谢安兄子）所咏。

【译文/点评】此乃用比喻之法描写白雪纷纷之状，第三句世代称颂，妙在比得贴切、自然，第二句则有为比喻而比喻之嫌。

不知叠嶂夜来雨，清晓石楠花乱流。

【注释】出自唐·祖咏《句》。叠嶂，群峰。

【译文/点评】此写山中一夜雨、花随乱水流的景象。

楚天长短黄昏雨，宋玉无愁亦自愁。

【注释】出自唐·李商隐《楚吟》。楚天，此指古楚国地区。宋玉，战国时代楚国文学家。亦，也。

【译文/点评】此言楚地多雨，令人发愁。

春潮带雨晚来急，野渡无人舟自横。

【注释】出自唐·韦应物《滁州西涧》。

【译文/点评】此写春日黄昏骤雨起、旷野寂寥渡无人的景象。所写虽是生活常景，但“春潮带雨”、“野渡无人”所表现的意境却显得清幽、自然，给人以丰富的想象空间，其所体现的生活情趣也让人味之再三。

村连三峡暮云起，潮送九江寒雨来。

【注释】出自唐 · 杜牧《江上逢友人》。寒雨，指潮水溅起的水雾寒意逼人。

【译文/点评】此写峡村相连、暮云四起，潮起水涨、水寒袭人之情景。

东风忽起垂杨舞，更作荷心万点声。

【注释】出自宋 · 刘攽《雨后池上》。东风，春风。

【译文/点评】此写春风吹动杨柳，柳枝之上的水珠飘落下来，敲打荷叶点点有声的景象。“万点声”，是夸张，极言柳枝之上的水珠之多。

东风知我欲山行，吹断檐间积雨声。

【注释】出自宋 · 苏轼《新城道中二首》（其一）。东风，春风。

【译文/点评】此以拟人修辞手法，将春风人格化，使其带有人的生命情态（“知我”），从而形象地写出了春风起、春雨歇的春日气候特征。

风吹古木晴天雨，月照平沙夏夜霜。

【注释】出自唐 · 白居易《江楼夕望招客》。古木，老树。

【译文/点评】前句言风吹老树，摇落叶上露水如雨；后句言明月朗照，平沙之上就像下了一层洁白的霜。

风吹花片片，春动水茫茫。

【注释】出自唐 · 杜甫《城上》。

【译文/点评】此二句的正常语序应当是“风吹片片花，春动茫茫水”，是写风吹花飞、春来水涨之景。

风翻荷叶一向白，雨湿蓼花千穗红。

【注释】出自唐 · 温庭筠《溪上行》。蓼（liǎo），一年生或多年生草本植物。

【译文/点评】此写风雨之中荷叶尽翻、蓼花皆红的景象。

风鸣两岸叶，月照一孤舟。

【注释】出自唐·孟浩然《宿桐庐江寄广陵旧游》。

【译文/点评】此写夜晚行舟的情形：风吹两岸树叶有声，明月朗照一舟独行。

风逆花迎面，山深云湿衣。

【注释】出自北周·庾信《和宇文内史春日游山》。

【译文/点评】此写风吹花飞扑面来、山深雾浓露湿衣的情景。

风蒲猎猎弄轻柔，欲立蜻蜓不自由。

【注释】出自宋·道潜《经临平作》。

【译文/点评】此写风动蒲草、蜻蜓难立的情景，颇是生动的日常生活细节。前句“风蒲猎猎弄轻柔”的正常语序，应该是“猎猎风弄轻柔蒲”，之所以倒置，那是因为诗律平仄的要求。

风生于地，起于青蘋之末。

【注释】出自先秦·宋玉《风赋》。蘋（pín），多年生水生蕨类植物。末，指叶尖。

【译文/点评】风由地面而生，开始为人察觉是在青蘋的叶尖之上。此言风发生的过程。

风声动密竹，水影漾长桥。

【注释】出自南朝梁·何逊《夕望江桥示萧咨议杨建康江主簿》。

【译文/点评】此写风吹竹动、水映长桥的景象。

风如拔山努，雨如决河倾。

【注释】出自宋·陆游《大风雨中作》。努，尽量地使出（气力）。

【译文/点评】风如拔山一样的狂刮，雨如决堤一样倾倒而下。此乃以比喻与夸张修辞手法写风雨之大的景象。

风行水上，涣。

【注释】出自先秦《周易·涣卦》。涣，离散、散开。

【译文/点评】此写风吹过水面，激起涟漪而向四周扩散开去的自然景象

风雨满城春欲暮，山中犹有碧桃花。

【注释】出自宋·范协《年年》。犹，还。

【译文/点评】此写风雨送春去、桃花山中开的初夏之景。此言城里与山中气候的差异。

隔帘春雨细，高枕晓莺长。

【注释】出自唐·柳中庸《幽院早春》。

【译文/点评】此写帘外春雨细细、枝上黄莺晓啼的早春之景及诗人高枕酣眠的情状。

海暗三山雨，花明五岭春。

【注释】出自唐·岑参《送杨瑗尉南海》。三山，此指众山（“三”在古代指多数的概念），之所以说“三山”，是为了与下句“五岭”构成对仗（或说此三山指今广州南面三座并立的山峰）。五岭，指越城岭、都庞岭、萌渚岭、骑田岭、大庾岭，在湘、赣、粤、桂等省区边境（或说是大庾、始安、临贺、桂阳、揭阳等五岭）。

【译文/点评】前句写三山雨多，后句写五岭花盛。形式对仗非常工整，意境对比也非常鲜明，前句表现的是阴沉压抑

的境界，后句表现的是豁然开朗的境界，与后二句“此乡多宝玉，慎莫厌清贫”的劝慰语正好在意蕴上契合。

好雨知时节，当春乃发生。随风潜入夜，润物细无声。

【注释】出自唐·杜甫《春夜喜雨》。乃，才。潜，悄悄地。

【译文/点评】此以拟人修辞手法，将春雨人格化，使其带有人的生命情态（“知时节”、“潜入夜”），从而化平淡为生动，热情地赞美了春雨按时而至、润物无声的品格。同时，也表达了诗人对春雨适时而至的喜悦之情。“雨”前以“好”修饰，则正明显地表达出这一情感。

虹截半江雨，风驱大泽云。

【注释】出自唐·王贞白《雨后从陶郎中登庾楼》。

【译文/点评】此写登楼所见景象：雨过天晴、彩虹横空、雨涨半江，大泽之上风起云涌。

湖声莲叶雨，野气稻花风。

【注释】出自唐·张籍《送朱庆余及第归越》。

【译文/点评】此写湖中雨打荷叶有声、田野风吹稻花飘香的景象。

花雨晴天落，松风终日来。

【注释】出自唐·刘长卿《集梁耿开元寺武居院》。

【译文/点评】此写开元寺花落如雨、松风终日的景象。

回堤溯清风，淡月生古柳。

【注释】出自宋·梅尧臣《忆吴淞江晚泊》。回堤，指环形之堤坝。溯（sù），逆水流而上。

【译文/点评】此写清风遇回堤而折回、暗月升起于古柳之上的晚景。

解落三秋叶，能开二月花，过江三尺浪，入竹万竿斜。

【注释】出自唐·李峤《风》。解，懂得。

【译文/点评】此言风能使秋天树叶凋零，能使二月之花盛开，吹过江面能掀起三尺之浪，刮向竹林能使万竹弯斜。

惊飙拂野，林无静柯。

【注释】出自晋·殷仲文《罪衅解尚书表》。飙（biāo），暴风。柯，树枝。

【译文/点评】此写狂风掠野、树随风动的景象。虽是平常的写景之句，但形式上对仗工整，读来显得气韵生动。

惊风乱飐芙蓉水，密雨斜侵薜荔墙。

【注释】出自唐·柳宗元《登柳州城楼寄漳汀封连四州》。飐（zhǎn），风吹使颤动。芙蓉，荷花。薜荔，常绿灌木。薜荔墙，指爬满薜荔的墙壁。

【译文/点评】此写风生水起、荷花颤动，薜荔满墙、密雨斜打的景象。

雷声千嶂落，雨色万峰来。

【注释】出自明·李攀龙《广阳山道中》。嶂，高峻陡峭如屏障一样的山峰。

【译文/点评】此写雷声如千峰崩落、雨势如万山迎面扑来的气势。此二句皆是运用夸张修辞手法，以此突显雷雨的气势，以期给人留下强烈的印象。

柳垂平泽雨，鱼跃大河风。

【注释】出自唐·卢纶《送元赞府重任龙门县》。平泽，平湖。

【译文/点评】此写风雨之中柳垂湖边、鱼跃河中的景象。

暮景萧萧雨霁，云淡天高风细。

【注释】出自宋·柳永《佳人醉》词。霁（jì），雨雪停止，云雾散，天放晴。

【译文/点评】此写雨过天晴、天高云淡、和风细柔的晚景。

暮色千山入，春风百草香。

【注释】出自宋·苏轼《雨晴》。暮色千山入，正常语序应是“千山暮色入”。入，此为笼罩之意。

【译文/点评】此写千山笼罩于暮色之中、百草的芳香在春风中飘溢的晚景。

暮雨朝云几日归，如丝如雾湿人衣。

【注释】出自唐·杨凭《春情》。

【译文/点评】此写春日多雨多云、雨细如丝、雨密如雾的情状。

平湖漠漠雨霏霏，压水人家燕子飞。

【注释】出自宋·张孝祥《题夏氏庄》。漠漠，指辽远之貌。霏霏，指雨雾蒙蒙的样子。压水，近水。

【译文/点评】此写平湖一望无际、烟雨蒙蒙，春燕飞出近水人家的景象。

萍皱风来后，荷喧雨到时。

【注释】出自唐·温庭筠《卢氏池上遇雨赠同游》。

【译文/点评】此写风吹浮萍叶翻转、雨打荷叶声萧萧的景象。

墙头语鹊衣犹湿，楼外残雷气未平。

【注释】出自宋·陈与义《雨晴》。语鹊，指鸣叫的喜鹊。衣，此指羽毛。犹，还。气未平，指雷声还未完全消失。

【译文/点评】此写雨后喜鹊羽毛尚湿而欢快地鸣叫于墙头，楼外雷声隐隐、欲停而未停的景象。

倾耳无希声，在目皓已洁。

【注释】出自晋·陶潜《癸卯岁十二月中作与从弟敬远》。希声，指微弱的声响。皓，白。

【译文/点评】此言大雪纷飞寂静无声，但转眼之间便是一片银色的世界。

清风破暑连三日，好雨依时抵万金。

【注释】出自元·王恽《过沙沟店》。破暑，消除暑热之气。依时，按时。

【译文/点评】前句说清风能解除暑热的作用，后句言适时降雨对农业生产的重要性。“抵万金”，乃是夸张修辞手法，极言好雨的可贵。

清风徐来，水波不兴。

【注释】出自宋·苏轼《前赤壁赋》。徐，慢、缓。兴，起。

【译文/点评】此写长江月夜微风习习、风平浪静的景象。这是以写景来表现一种静谧、悠闲的情调。

山风吹空林，飒飒如有人。

【注释】出自唐·岑参《暮秋山行》。飒飒（sà），风吹动的声音。

【译文/点评】此写山风萧瑟、寒林有声的秋日之景。

山雨欲来风满楼。

【注释】出自唐 · 许浑《咸阳城西楼晚眺》。

【译文/点评】此句本是写天阴欲雨前的气象，由于其所构拟的意境的多义性，今日我们多以此句比喻重大事变即将发生前的凝重氛围，可谓既生动又形象。

山中一夜雨，树杪百重泉。

【注释】出自唐 · 王维《送梓州李使君》。杪，树枝的细梢。

【译文/点评】此二句是写巴中夜雨后的景致。前句重在抽象、概括，后句则重在具体、形象。“山中一夜雨”，到底下得是大还是小，不得而知。“树杪百重泉”，则给出了答案：山间有泉百道而出，远观犹如从树杪上飞泻而下。由此，既暗写出山势之高、夜雨之大，又形象地描绘了百泉飞流直下的壮观之势。形象之中有声音，让人回味不已。

十里黄芦雪打船。

【注释】出自宋 · 李弥逊《题赴干江行初雪图》。

【译文/点评】此写冬日江上景色。“十里黄芦”是写视觉形象，“雪打船”是写听觉形象。短短七字不仅将冬日江景写得气象阔大，而且画面意境“有声有色”。

霜夺茎上紫，风销叶中绿。

【注释】出自南朝梁 · 沈约《愍衰草赋》。

【译文/点评】寒霜使草木之茎枯萎，秋风使草木枝叶枯黄。此写风霜的肃杀力。

霜封野树，冰冻寒苗，岸草无色，芦花自飘。

【注释】出自唐 · 高适《东征赋》。

【译文/点评】原野之树皆被霜打枯，禾苗被寒冰冻住，河岸之草皆白，芦苇之花自飘。此写天寒地冻、万物萧条的景象。

霜入丹枫白苇林，烟横平远暮江深。

【注释】出自宋·范成大《题山水横看二首》（其二）。

【译文/点评】此写霜打枫叶红、秋日芦苇白，平野望如烟、暮色江水深的景象。

万木云深隐，连山雨未开。

【注释】出自唐·杜甫《雨》。

【译文/点评】此写云隐层林、雨笼群山之景。

微风万顷靴文细，断霞半空鱼尾赤。

【注释】出自宋·苏轼《游金山寺》。靴文细，指风吹水面所泛起的像靴皮一样的细纹。

【译文/点评】此写微风吹起万顷涟漪、半空残霞如鱼尾一般鲜红的景象。两句都是以比喻修辞手法写之，使所写之景更显形象。

微雨池塘见，好风襟袖知。

【注释】出自唐·杜牧《秋思》。

【译文/点评】此写微雨着水、秋风动袖之景。

微雨洗春色，诸峰生晚寒。

【注释】出自宋·陈与义《入山》。

【译文/点评】此写细雨过后山色更加苍翠、远处山峦暮霭生寒的景象。

微雨洗高林，清飙矫云翮。

【注释】出自晋·陶渊明《乙巳岁三月为建威将军使都经

钱溪》。飙（biāo），暴风。矫（jiǎo），举起、抬起来。翮（hé），羽毛中间的硬管。云翮，此代指鸟。

【译文/点评】此写微雨净树、风疾托鸟的景象。

微雨夜来过，不知春草生。

【注释】出自唐·韦应物《幽居》。

【译文/点评】此言夜里一场细雨过后，春草不知不觉中已经萌生。

微雨众卉新，一雷惊蛰始。

【注释】出自唐·韦应物《观田家》。卉，花草。惊蛰（zhé），二十四节气之一。

【译文/点评】此言惊蛰节气一到，随着第一声春雷炸响，冬眠的动物开始苏醒活动，春雨之中百花开始盛开。

惟有南风旧相识，径开门户又翻书。

【注释】出自宋·刘攽《绝句》。径，径直、直接。

【译文/点评】此以拟人修辞手法，将南风人格化，使其带有人的生命情态（“旧相识”、“开门”、“翻书”），从而化平淡为生动，将南风入室、掀动书页平常情事写得意趣横生，读之令人回味无穷。

细雨湿衣看不见，闲花落地听无声。

【注释】出自唐·刘长卿《别严士元》。

【译文/点评】此写雨细不察、花落无声两个细节，意在以此为喻，表达对朋友依依不舍但却深藏不露的留恋之情。之所以对朋友的离别之情要表现得深藏不露，那是怕增添朋友临别的伤感之情，而这正是对朋友怀有深情的表现。可谓是静水流深、此时无声胜有声。

斜影风前合，圆纹水上开。

【注释】出自唐·李峤《雨》。

【译文/点评】此写风吹树影合、水上涟漪起的景象。

新霜染枫叶，皎月借芦花。

【注释】出自宋·杨徽之《秋日》。

【译文/点评】此言枫叶经霜而变红，芦花之白将明月映衬得更为皎洁。

迅风拂裳袂，白露沾衣襟。

【注释】出自汉·王粲《七哀诗三首》（其二）。迅，快。裳，下衣。袂（mèi），衣袖。

【译文/点评】秋风拂裳、白露沾襟之景，本是让人伤感的意象，然此二句读之则不失一种凄凉之美。

一风三日吹倒山，白浪高过瓦官阁。

【注释】出自唐·李白《横江词六首》（其一）。瓦官阁，瓦官寺，又名升元阁，在今南京市，为南朝梁代所建，高约二十四丈。

【译文/点评】此写长江风大浪高之状。“一风三日”，乃是“三日一风”的倒序，意谓长江风多；“吹倒山”，是夸张，意在强调长江边的风大。后句也是夸张，强调长江的波浪之大。这两句诗虽是夸张之句，却写出了长江风浪的气势，也反衬出瓦官阁的高耸之状，因为居高才显风，处低则风微。

雨罢叶增绿，日斜树影长。

【注释】出自南朝梁·萧子显《侍宴饯陆倕应令》。

【译文/点评】此写雨后叶更绿、夕阳树影长的景象。

雨打梨花深闭门。

【注释】出自宋·李重元《忆王孙》。

【译文/点评】此写雨打梨花、深院闭门之景。

雨过不知龙去处，一池草色万蛙鸣。

【注释】出自明 · 刘基《五月十九日大雨》。龙去处，古人认为龙能行云雨。

【译文/点评】前句写夏天的阵雨来得快猛而去得快速的情景。后句写雨后池塘涨水、草色青碧、万蛙齐鸣的景象。前句突出阵雨快猛的气势，后句强调的是雨后田野的宁静。“万蛙鸣”是夸张，虽然表面是写闹，实则以蛙声反衬四野之静谧。此与南朝梁人王籍《入若耶溪》“蝉噪林逾静，鸟鸣山更幽”的意境相同，都是以闹写静的妙笔。

雨过莎迷径，潮来风满衣。

【注释】出自宋 · 钱熙《九日溪偶成》。莎，莎草。

【译文/点评】此写雨后莎草生长迅速、蔓延而覆道路，潮水汹涌而来、狂风鼓起人衣的景象。

雨露之所濡，甘苦齐结实。

【注释】出自唐 · 杜甫《北征》。之，放在主谓语之间，取消句子的独立性。濡（rú），浸、渍。齐，一起。

【译文/点评】此言经过雨露的滋润，不管是甜果还是苦果都会成熟。

雨欺梅影瘦，风助竹声寒。

【注释】出自宋 · 赵与东《次韵方万里雨夜雪意》。

【译文/点评】此写雨打梅花落、风吹竹声寒的景象。“梅影瘦”，是拟人修辞手法，是将梅花人格化，使其带有人的生命情态（“瘦”），从而使寻常的情事艺术化，给人以无限的回味。

雨洗平沙静，天衔阔岸纡。

【注释】出自唐 · 杜甫《舟中出江陵南浦奉寄郑少尹审》。纡，曲。天衔阔岸，指天与河岸连成一体。

【译文/点评】此写雨后无人、平沙如洗、岸阔水曲、水天相接的景象。

雨雪关山暗，风霜草木稀。

【注释】出自唐 · 杜审言《赠苏味道》。

【译文/点评】此写冬天风霜摧草木、雨雪暗天地的景象。

雨意欲晴山鸟乐，寒声初到井梧知。

【注释】出自宋 · 黄公度《悲秋》。井梧，井边之梧桐树。

【译文/点评】此写雨歇将晴、鸟鸣山中，秋风乍起、梧桐叶飘落的景象，表现的是一种感物悲秋的心情。

雨余轻霭合，竹外杂花开。

【注释】出自宋 · 余靖《留题澄虚亭》。霭（ǎi），云雾。

【译文/点评】此写雨后云雾迷漫、杂花开于竹林之外的景象。

朝云不归山，霖雨成川泽。

【注释】出自三国魏 · 曹植《赠丁仪》。

【译文/点评】此写云与雨之间的关系，同时也透露了深切的忧农之情。

瘴雨欲来枫树黑，火云初起荔枝红。

【注释】出自唐 · 许浑《送杜秀才归桂林》。瘴，瘴气，指南方森林中的湿热空气，古人认为是一种毒气。瘴雨，伴有瘴气的雨。火云，指红云、红霞。

【译文/点评】此写两广地区瘴雨欲来之际乌云笼罩枫树，

红霞初起之时荔枝花红的景象。

最是秋风管闲事，红他枫叶白人头。

【注释】出自清·赵翼《野步》。

【译文/点评】此言秋风吹红了枫叶，也愁白了人头。意在抒发悲秋感伤之情。秋天枫叶红，乃是极其平常的自然现象，但是诗人以拟人修辞手法将秋风人格化，不仅使平淡的叙事顿时生动形象起来，同时也使其所抒发的悲秋之情有了更强的艺术感染力。

昨夜微雨花成泥，黄鹂翅湿飞转低。

【注释】出自唐·岑参《青门歌送东台张判官》。

【译文/点评】此写夜雨摧花、黄鹂低飞的景象。

云霞雾露

暧暧江村见，离离海树出。

【注释】出自南朝齐·谢朓《高斋视事》。暧暧（ài），昏暗不明的样子。见，同“现”。离离，草木茂盛的样子。海树，大海与树木。

【译文/点评】此写日出雾散、远村隐现、海树毕出的景象。

白云还自散，明月落谁家。

【注释】出自唐·李白《忆东山二首》（其一）。

【译文/点评】此写拂晓时分白云浮天、明月西斜的景象。

白云见我去，亦为我飞翻。

【注释】出自唐·李白《题情深树寄象公》。亦，也。

【译文/点评】此写白云翻飞的景象，但以拟人修辞手法写之，将白云人格化，拉近了人与自然的距离，遂使平淡的写景顿然生动起来。

白云千里万里，明月前溪后溪。

【注释】出自唐·刘长卿《苕溪酬梁耿别后见寄》。

【译文/点评】此写白云满天、明月映溪的夜景。“千里万里”，强调的是天空到处都是白云浮动；“前溪后溪”，强调的是水中到处都是明月的倒影。

白云停阴冈，丹葩曜阳林。

【注释】出自晋·左思《招隐二首》（其一）。阴冈，向北的山脊。丹葩，红色的花。曜，耀。阳林，向南的树林。

【译文/点评】白云在北山之上，红花在南林之丛，一白一红，一上一下，交相辉映，色彩鲜明，对比强烈，构成了一幅无比美妙的画面，令人陶醉不已。

薄云岩际宿，孤月浪中翻。

【注释】出自唐·杜甫《宿江边阁》。

【译文/点评】此写浮云淡淡，飘飞于山岩之边；月影在水，随浪上下翻滚的景象。

碧涧流红叶，青林点白云。

【注释】出自宋·林逋《宿洞霄宫》。

【译文/点评】此写红叶漂流于清溪之中、白云飘飞于青林之上的秋日景象。

残虹收度雨，缺岸上新流。

【注释】出自南朝陈·张正见《后湖泛舟》。度雨，指阵雨。缺岸，指被冲出缺口的堤岸。新流，刚涨起的雨水。

【译文/点评】此写阵雨骤收、残虹在天、水涨堤缺的情景。

残霞明灭日脚沈，水面浮光天一色。

【注释】出自宋·舒焕《和苏子瞻观百步洪原韵》。明灭，时明时暗的样子。沈，同“沉”。

【译文/点评】此写夕阳西沉、余霞时明时暗，霞光铺水、天水一色的景象。

断雾时通日，残云尚作雷。

【注释】出自隋·杨广《悲秋》。

【译文/点评】此写雨后雾散日出、残云浮动、雷声隐隐之情景。

断霞散彩，残阳倒影，天外云峰，数朵相倚。

【注释】出自宋·柳永《玉山枕》。

【译文/点评】此写断霞散光彩、夕阳投影斜、云峰如相倚的自然景观。

二三点露滴如雨，六七个星犹在天。

【注释】出自元·图帖睦尔《途中》。

【译文/点评】此写露水偶滴、残星在天的景象。有意识地以数字“二三”、“六七”入诗，不仅新颖别致，而且最能突显其旅行之苦、出门之早。

飞霞半缕，收尽一天风和雨。

【注释】出自宋·王灼《减字木兰花》。

【译文/点评】此写雨过风住、彩霞散去之景。

浮云连海岳，平野入青徐。

【注释】出自唐·杜甫《登兖州城楼》。海，此指黄海。岳，此指泰山。青，指青州。徐，指徐州。

【译文/点评】此写登兖州城楼所见山海相连、平野无垠的景象。

孤烟生乍直，远树望多圆。

【注释】出自唐·白居易《渡淮》。

【译文/点评】此写遥望孤烟、远树的形象。虽是信笔写来，但读来却有一种咫尺万里的阔大气象。

谷口云迎马，溪边水照人。

【注释】出自唐·岑参《陪使君早春东郊游眺》。

【译文/点评】此写谷口云低、溪水清澈之状。前句以拟人修辞手法，将云人格化，使其有“迎”的动作、行为，遂使平淡的叙事顿然生动形象起来。

寒沙蒙薄雾，落月去清波。

【注释】出自唐·杜甫《将晓二首》(其二)。

【译文/点评】此写拂晓时分沙寒雾笼、明月西斜、水无月影的景象。

黑云翻墨未遮山，白雨跳珠乱入船。

【注释】出自宋·苏轼《六月二十七日望湖楼醉书五绝》(其一)。

【译文/点评】此写乌云如泼墨、山峰半被遮，雨白如珍珠、乱溅入船内的景象。

虹收青嶂雨，鸟没夕阳天。

【注释】出自唐·李商隐《河清与赵氏昆仲宴集得拟杜工部》。嶂，高耸险峻如同屏障一样的山峰。没，消失。

【译文/点评】此写雨后彩虹出、远山雾气收、鸟飞夕阳中的情景。

黄云万里动风色，白波九道流雪山。

【注释】出自唐·李白《庐山谣寄卢侍御虚舟》。九道，古谓长江流到浔阳分为九条支流。雪山，指江水翻滚，波涛堆积如雪山。

【译文/点评】前句用夸张修辞手法，写出了庐山山高风大、黄云万里、瞬息万变的气象变化；后句以比喻修辞手法，写出了站在庐山远观长江波涛翻滚、堆积如雪山、奔流不息的壮观景象。

回看天际下中流，岩上无心云相逐。

【注释】出自唐·柳宗元《渔翁》。

【译文/点评】此明写渔翁顺流而下、回看天际岩云的悠然情态，暗则寄托了诗人对现实政治斗争与官场倾轧的厌恶之情，追求一种飘逸超脱的人生境界。

霁霞散晓月犹明，疏木挂残星。

【注释】出自宋·林仰《少年游》。霁（jì），雨雪停止、云雾散、天放晴。霁霞，此指云雾。

【译文/点评】此写黎明前云雾消散、晓月犹明、残星在树的景象。“疏木”，表明所写乃是秋日之景。动词“挂”写残星悬于树间的形态，不仅生动，而且形象，给人以丰富的联想空间。

零落残云片，风吹挂竹溪。

【注释】出自唐·李白《晓晴》。

【译文/点评】此写风吹云散、残云挂竹、映于溪水的景象。

露凝千片玉，菊散一丛金。

【注释】出自唐·李世民《秋日二首》（其二）。

【译文/点评】露水滴滴，就像千片珠玉；菊花花黄，就如丛集之金。此以比喻修辞手法写秋露、菊花之形象。

露凝无游氛，天高夙景澈。

【注释】出自晋·陶渊明《和郭主簿二首》（其二）。游氛，指雾气。夙景，指早晨的景色。澈，清晰。

【译文/点评】此写霜露凝结、天高景清的秋日晨景。

露泣连珠下，萤飘碎火流。

【注释】出自北周·庾信《拟咏怀诗二十七首》（其十

八）。

【译文/点评】露珠滚落，就像珍珠连贯而下；萤火点点，就像火星在空中四溅。此以比喻修辞手法写露滴、萤火的形象。

露湿寒塘草，月映清淮流。

【注释】出自南朝梁 · 何逊《与胡兴安夜别》。

【译文/点评】此写夜深露降、塘草湿寒、月映淮河、水流脉脉的景色。

暮从碧山下，山月随人归。

【注释】出自唐 · 李白《下终南山过斛斯山人宿置酒》。

【译文/点评】此以拟人修辞法，将暮色与山月人格化，形象地写出了暮色降临之时明月升天、照人有影的景象。

清风动帘夜，孤月照窗时。

【注释】出自南朝齐 · 谢朓《怀故人》。

【译文/点评】此写清风明月之夜怀念故人的深切之情。“清风动帘”、“孤月照窗”两个景象的描写，意在强调说明“人未眠”的意蕴，以此突出其怀念故人的深切程度。

清风朗月不用一钱买，玉山自倒非人推。

【注释】出自唐 · 李白《襄阳歌》。玉山自倒，指酒醉倒下，此用三国魏人嵇康的典故。《世说新语 · 容止》记山涛评价嵇康风姿说：“嵇叔夜之为人也，岩岩若孤松之独立；其醉也，傀俄若玉山之将崩。”

【译文/点评】此言对月痛饮、一醉方休的豪放与风流。

清风无力屠得热，落日着翅飞上山。

【注释】出自宋 · 王令《暑旱苦热》。屠得热，消除暑气。

【译文/点评】此用拟人修辞手法，将清风、落日人格化，使其带有人的生命情态（清风无力、落日着翅），从而化平淡为生动，形象地再现了酷暑时节热风扑面、夕阳在山的景象。

清露便教终夜滴，好风疑是故园来。

【注释】出自唐·薛能《新竹》。故园，故乡。

【译文/点评】此言听到风吹竹动而露滴，就想到故乡。表达的是深切的思乡之情。

卿云烂兮，糺缦缦兮。

【注释】出自先秦古歌《卿云歌》。卿云，一种彩云，古人以为是吉祥的象征。兮，语气助词，相当于“啊”、“呀”。糺（jiū），即纠，结集、连合。缦缦，萦回舒卷之貌。

【译文/点评】祥云飘飘霞满天，瑞气萦回而舒卷。这是写彩云飘动之状，如诗如画。

晴虹桥影出，秋雁橹声来。

【注释】出自唐·白居易《河亭晴望》。

【译文/点评】雨过天晴，天空现出的彩虹，就像一个桥影浮现出来；北雁南飞，叫声犹如摇橹之声。此以比喻修辞手法，形象地再现了雨后彩虹出、秋到雁南飞的景象。

晴云如擘絮，新月似磨镰。

【注释】出自唐·韩愈《晚寄张十八助教周郎博士》。擘（bò），大拇指。擘絮，撕开的棉絮。磨镰，指镰刀。

【译文/点评】此写晴日浮云如散絮、新月似镰刀的夜景。浮云、新月本是平常所见之景，此以比喻修辞手法将浮云与新月分别比作散絮、镰刀，遂使表达顿时形象生动起来。

晴云似絮惹低空，紫陌微微弄袖风。

【注释】出自唐·杜牧《长安杂题长句六首》（其二）。

【译文/点评】此写晴空低垂、浮云似絮，小径花繁、轻风吹袖之景。动词“惹”、“弄”，分别将云、风人格化，形象地写出了云、风与人的亲切关系，表达了诗人对晴云、微风的喜悦之情。

山头云似雪，陌上树如人。

【注释】出自宋·刘克庄《早行》。陌，田间小路。

【译文/点评】此以比喻修辞手法写远望群山白云似雪、陌上之树细小如人的景象。

山云遥似带，庭叶近成舟。

【注释】出自南朝陈·阴铿《闲居对雨》。

【译文/点评】此以比喻修辞手法写远望白云绕山似带，近看庭叶大如小舟的景象。

山中何所有，岭上多白云。

【注释】出自南朝梁·陶弘景《诏问山中何所有赋诗以答》。

【译文/点评】此写山深岭高多白云的自然景观。

腾云似涌烟，密雨如散丝。

【注释】出自晋·张协《杂诗十首》（其三）。

【译文/点评】此以比喻修辞手法写腾云与密雨的情状。以烟喻云，突出了云的动感形象，与“腾”密合；以丝比雨，强调的是雨细之状，与“密”匹配。

天接云涛连晓雾，星河欲转千帆舞。

【注释】出自宋·李清照《渔家傲》。云涛，云彩翻腾如波涛。晓雾，拂晓前的晨雾。星河，银河。千帆，指众星，是将众多星星比作银河中的船。

【译文/点评】此写拂晓前天上云彩翻腾、晨雾迷漫、银河西移、众星竞动的景象。

天上浮云似白衣，斯须改变如苍狗。

【注释】出自唐·杜甫《可叹》。斯须，须臾、一会儿。苍，灰白色。

【译文/点评】此写天上浮云由白到苍的变化情景。诗句以比喻修辞手法写之，遂使平常的写景叙事顿然显得形象生动起来。

晚霞澹远岫，落景藻长川。

【注释】出自隋·于仲文《答谯王》。澹（dàn），通“淡”。岫（xiù），此指山峰。景，通“影”。藻，装饰。长川，大河。

【译文/点评】此写晚霞映照使远峰青色变淡，落日余晖映照着奔流的大河的景象。

微烟生晚浦，斜日上孤城。

【注释】出自宋·鲍当《送人南归》。浦，水边。

【译文/点评】此写夕阳沉于孤城之上、暮霭生于水边的景象。表面是写景，实则是借哀景以写悲情，表达送别友人的悲苦心境。

无限旱苗枯欲尽，悠悠闲处作奇峰。

【注释】出自唐·来鹄《云》。作奇峰，指浮云变化作奇峰之状。

【译文/点评】此言浮云悠悠、变幻无穷，好看却不中用，不能行云作雨，滋润旱枯欲死的庄稼。

雾外江山看不真，只凭鸡犬认前村。

【注释】出自宋·杨万里《庚子正月五日晓过大皋渡二

绝》(其一)。凭，靠。

【译文/点评】此写雾大难辨方向和道路的情形。

西北有浮云，亭亭如车盖。

【注释】出自三国魏·曹丕《杂诗二首》(其二)。亭亭，耸立貌。车盖，车篷。

【译文/点评】此以车盖比喻浮云之状，形象生动，令人觉得如在目前。

溪中云隔寺，夜半雪添泉。

【注释】出自唐·项斯《寄石桥僧》。

【译文/点评】此写溪上浮云飘飞、遮却对岸寺庙，半夜大雪降临、泉水又添水流的景象。

霞光曙后殷于火，水色晴来嫩似烟。

【注释】出自唐·白居易《早春忆苏州寄梦得》。曙，天刚亮。殷，红。

【译文/点评】此写清晨霞光红于火、晴日水色淡如烟的景象。

纤云四卷天无河，清风吹空月舒波。

【注释】出自唐·韩愈《八月十五夜赠张功曹》。纤，细。河，银河。

【译文/点评】此写中秋之夜皓月当空、银河无光、细云舒卷、清风吹空的景色。

向晚寻征路，残云傍马飞。

【注释】出自唐·杜甫《重题郑氏东亭》。向晚，傍晚。

【译文/点评】前句写傍晚还在赶路的辛苦，后句写残云流动的样子。写云而以“残”字，乃是以景写情，强调日暮行路的悲苦之情。

烟消日出不见人，欸乃一声山水绿。

【注释】出自唐·柳宗元《渔翁》。烟销，指雾消。欸乃（ǎi nǎi），渔歌名，唐代民间有渔歌名曰《欸乃曲》。欸乃一声，即渔歌一声。或曰“欸乃”是象声词，指摇橹之声。

【译文/点评】此写雾消日出的江上之景与山清水秀的两岸之景。前句说“不见人”，突出的是清晨的宁静；后句特写渔歌一声，意在突显人在山水之间的意境。

叶低知露密，崖断识云重。

【注释】出自南朝齐·谢朓《移病还园示亲属》。

【译文/点评】此写露重叶低、崖陡云多之景。

因风离海上，伴月到人间。

【注释】出自唐·于邺《孤云》。

【译文/点评】此写浮云飘动、伴月而行的情景。

欲雨片云生峭壁，未明先日照危峰。

【注释】出自宋·陈纲《留题霍山应圣公庙》。危，高。

【译文/点评】此写将雨之际浮云生于峭壁之间、未明之时朝日照到高峰的景象。

云翻一天墨，浪蹴半空花。

【注释】出自宋·陆游《冒雨登拟岘台观江潮》。蹴（cù），踢、踏。

【译文/点评】此写乌云翻滚、浪抛半空的景象。前句运用比喻修辞手法，形象地写出了云黑如墨的情状；后句运用夸张修辞手法，极力铺排江潮的磅礴气势。

云破月来花弄影。

【注释】出自宋 · 张先《天仙子》。

【译文/点评】此写月亮钻出云层、风吹花动影亦动的情景。此句之所以成为传诵千古的名句，是因为运用了拟人修辞手法，将花人格化，将花影随风而动的情景说成是花有意“弄”影，表达新颖生动，使平常的写景顿添了许多情趣。

云散月明谁点缀，天容海色本澄清。

【注释】出自宋 · 苏轼《六月二十日夜渡海》。

【译文/点评】此写云散月出、海天一色的景象。

云生梁栋间，风出窗户里。

【注释】出自晋 · 郭璞《游仙诗十四首》（其二）。

【译文/点评】此写诗人向往的隐居环境，其幽静与闲适的情调，读之令人向往不已。

云腾致雨，露结为霜。

【注释】出自南朝梁 · 周兴嗣《千字文》。

【译文/点评】此言雨、霜形成的过程。

云无心以出岫，鸟倦飞而知还。

【注释】出自晋 · 陶渊明《归去来兮辞》。以，而。岫（xiù），峰峦。

【译文/点评】此写云彩缓缓地浮过峰峦、鸟儿暮倦而归山林的景象。“云无心”、“鸟倦知还”，都是拟人修辞手法，将云、鸟人格化，从而化平淡为生动，使云、鸟顿添了几多生命的情趣，由此突显诗人陶醉于大自然，与自然万物融为一体的忘我之态。

云心初破月窥楼，翠眉相映晚山秋。

【注释】出自宋 · 洪适《浣溪沙》。翠眉，此指苍翠的远山。

【译文/点评】此写云破月出、月光入户、远山相映、秋意浓郁的景象。

云掩初弦月，香传小树花。

【注释】出自唐·杜甫《遣意二首》（其二）。初弦月，即上弦月。

【译文/点评】此写浮云掩月、暗香过树的夜景。

重露成涓滴，稀星乍有无。

【注释】出自唐·杜甫《倦夜》。

【译文/点评】此写露成水滴、月落星稀的景象。

江南塞外

白日地中出，黄河天外来。

【注释】出自唐·张蠙《登单于台》。

【译文/点评】此写塞外所见太阳喷薄而出、黄河源远流长的壮观景象。

百分桃花千分柳，冶红妖翠画江南。

【注释】出自清·张问陶《阳湖道中》。冶红妖翠，指鲜红浓绿。

【译文/点评】此写春天江南桃红柳绿的景色。“百分”、“千分”都是夸张之辞，意在突出桃花开放之盛与杨柳浓绿成荫的情状。“冶红妖翠”，以非褒义的“冶”、“妖”写颜色，意在说明这样一个意旨：非妖冶之笔不能画出江南春色。这是折绕地夸说江南春色之美。

半壕春水一城花，烟雨暗千家。

【注释】出自宋·苏轼《望江南》。壕，护城河。

【译文/点评】此写春水绕城、花开满城、春雨如烟的景象。前句言“半壕”，而不言“满壕”，意在突显春水不大，以与后句“烟雨”（如烟织般的细雨）相呼应。同时说“半壕”，在对仗上也为了在句内与“一城”相对。后句写远近人家消失于视野之中的景象，以一个比喻一个夸张来表达。“烟雨”是比喻，形容春雨细密的情状。“暗千家”是夸张，不是实写，从效果上突显春雨之细密，同时也写出了春雨中所见景象的朦胧之美。从而给人以一种可意会、可想象的空间，益发勾起人们对春雨江南的无限向往之情。

北风卷地白草折，胡天八月即飞雪。

【注释】出自唐·岑参《白雪歌送武判官归京》。白草，西北边地一种有韧性的草，色白，经霜脆而易断。胡天，指西北边地的天空。

【译文/点评】此写西北边塞地区八月北风呼啸、天寒霜严、白草脆折、茫茫大漠、满天飞雪的景象。意在强调西北边塞的苦寒气候与守边不易的主旨。

边城暮雨雁飞低，芦笋初生渐欲齐。

【注释】出自唐·张籍《凉州词》。芦笋，指芦苇抽出的嫩芽，状似竹笋。

【译文/点评】此写西北边塞秋日景象。前句写傍晚时分黑云压城、暮雨潇潇、塞雁低飞的景象，写景中暗寓出中唐时代西北边疆并不太平之意。后句写芦笋初生的景象，表现的是一种秋天萧条之中的勃勃生机，突显的是一种积极向上的情绪氛围。前句写压抑沉闷之景，后句写生机勃勃之景；前句写天上，是远景与泛写；后句写地下，是近景与特写。如此远近结合、特写与泛写结合、压抑与活力并在，遂将诗的意蕴大大扩张了，给人以更大的回味空间。

边地春不足，十里见一花。

【注释】出自唐·孟郊《邀花伴》。

【译文/点评】此言边塞之地难见春色。“十里见一花”，不是实写，而是夸张，意在强调塞外的荒凉。

惨惨寒日没，北风卷蓬根。

【注释】出自唐·戎昱《塞下曲六首》（其一）。惨惨，日光惨淡的样子。蓬根，蓬草之根。

【译文/点评】此写塞外天寒风劲之状。“惨惨”、“寒”都是人的感觉，用以形容落日，意在形象地说明塞外天气的寒冷之状；“卷蓬根”，说连蓬草之根都刮起来，意在强调说明沙漠之中狂风之劲。

赤焰烧虏云，炎氛蒸塞空。

【注释】出自唐 · 岑参《经火山》。虏，古代对西北少数民族的蔑称。虏云，指西北地区的云彩。炎氛，指炎热之气。塞空，边塞地区的天空。

【译文/点评】此写西北边塞夏日骄阳似火、云彩彤红、热气蒸腾的景象，表现的是西北边塞夏日酷热难当的气候特点。

重湖叠巘清嘉，有三秋桂子，十里荷花。

【注释】出自宋 · 柳永《望海潮》。重湖，西湖以白堤为界分为里湖、外湖。巘（yǎn），山峰、山顶。清嘉，秀丽。三秋，即晚秋。桂子，即桂花。

【译文/点评】此写杭州晚秋时节的优美景致：湖山秀丽、桂花飘香、荷花十里。罗大经《鹤林玉露》卷一载：“孙何帅钱塘，柳耆卿作《望海潮》词赠之……此词流播，金主亮闻歌，欣然有慕于‘三秋桂子，十里荷花’，遂起投鞭渡江之志。”这个记载说金主完颜亮因为听了柳永《望海潮》中的这个句子而起南侵之意，虽然不足信，但是此句所写杭州之景对人的感染力是无可置疑的。

出塞书生瘦马骑，野云片片故相随。

【注释】出自元 · 杨允孚《滦京杂咏》。

【译文/点评】前句写马瘦，意在突显诗人在外已久与塞上生活之苦。写马瘦，意在侧写人瘦。后句写天上浮云相随之景，意在表达久在外乡而思乡的心情。不说“浮云”而说

“野云”，是借云而写人，说自己就像闲云野鹤。说浮云“故相随”，是拟人修辞手法的运用，通过将浮云人格化，借浮云的有情暗寓诗人对故乡的依恋之情。诗句所写的景象虽有些凄凉的情调，但意象极其阔大，意蕴极其丰富。茫茫原野之上、辽阔天空之下却只有一个形单影只的书生，这其间的意蕴岂能不让人回味无穷，生发无限的感叹？

垂杨小院绣帘东，莺阁残枝蝶趁风。

【注释】出自清·柳如是《西湖八绝句》（其一）。绣帘东，指屋坐西朝东。

【译文/点评】前句写小院深深柳依依、佳人绣阁依窗望的景象，表现的是一种静谧淡雅的意境。写“绣帘”而不写人，但人已在其中矣。后句写春深绿浓、蝶飞风中的景象，表现的是一种自然闲逸的意境。写春深花残，不直言莺飞去、花凋谢，而以“莺阁残枝”叙之。言“莺阁”（莺啼之阁亭），意在强调此时只有阁而无莺；言“残枝”，意在突出枝上只有绿叶而没有花。

春风又绿江南岸，明月何时照我还。

【注释】出自宋·王安石《泊船瓜洲》。

【译文/点评】此写诗人怀念江南，急欲过江回到江南的急切之情。其中“绿”字用的是炼字修辞手法，极为有力，将“春风”人格化，以形容词“绿”充当谓语动词，形象地突出了“春风”的力量。因此，自古以来便备受文人墨客的推崇。

春来南国花如绣，雨过西湖水似油。

【注释】出自元·卢挚《中吕喜春来·和则明韵》。

【译文/点评】此以比喻修辞手法写南国春花恰似锦绣、春雨滑亮如油的景象。

春云不变阳关雪，桑叶先知胡地秋。

【注释】出自唐·李昂《从军行》。阳关，在今甘肃敦煌西南。胡地，指塞外的原少数民族聚居区。

【译文/点评】此言塞外气候恶劣之情状：春天到了仍见雪，秋天未到桑先枯。

春至金河雪似花，萧条玉塞但胡沙。

【注释】出自唐·陈去疾《塞下曲》。金河，即黑河，故址在今内蒙古呼和浩特市。玉塞，指玉门关。但，只。

【译文/点评】春天虽到人间，但在黑河仍然是雪花飞舞；春天应该是花红柳绿，但玉门关则只见满天黄沙。此言边塞恶劣的气候条件与萧条的风物景象。

大漠孤烟直，长河落日圆。

【注释】出自唐·王维《使至塞上》。

【译文/点评】前句先以一个“大”字写出了沙漠之广大无边，次以一个“孤”字写出了塞外大漠中景物的单调，再以一个“直”字写出了烽烟在大漠中垂直向上的劲拔、坚毅之美。后句先以一个“长”字写出了没有山峦、没有林木、一望无际、无遮无挡的大漠之上横贯而过的黄河之绵长，再以一个“圆”字写出了落日的温暖、亲切、苍茫之感。由此，不仅将塞外大漠的奇特壮丽的风光形象生动地描绘出来，而且以其开阔的画面、雄浑的意境给人以无尽的美感。

大漠穷秋塞草腓，孤城落日斗兵稀。

【注释】出自唐·高适《燕歌行》。腓（féi），病，此指枯黄。

【译文/点评】此写边塞秋日萧瑟凄凉之景：大漠无边、原草枯黄、孤城落日中、边关守兵稀。

大漠沙如雪，燕山月似钩。

【注释】出自唐·李贺《马诗二十三首》（其五）。

【译文/点评】此二句之妙在于以比喻修辞手法写出了边关月夜的独特之美：苍茫大漠，平沙万里，一望无际。月光朗照之下，就像铺上了一层皑皑霜雪；在连绵的燕山山脉的衬托下，一弯月牙如金钩般高悬于山巅之上。其意境的静谧与壮美，让人顿时忘却了自古以来对边塞悲凉肃杀气氛的印象，并为之陶醉不已。

堤上游人逐画船，拍堤春水四垂天，绿杨楼外出秋千。

【注释】出自宋·欧阳修《浣溪沙》。画船，装饰精美的游船。楼外，一作“梢外”。

【译文/点评】此写江南都市春色与繁华景象：画船游弋于水中，游人戏逐在岸上；春水涨溢无际涯，浪花轻拍着堤岸；小楼隐于绿杨之中，秋千出于绿杨之外。有人，有画船，有水，有青天，有楼，有秋千，画面丰富，意境悠远，真是如诗如画，让人味之无穷。

笛中闻折柳，春色未曾看。

【注释】出自唐·李白《塞下曲六首》（其一）。折柳，指笛曲中的《折杨柳》曲。

【译文/点评】此言边塞苦寒，没有春色可看，更无青青杨柳可折之送别朋友，只能听听《折杨柳》笛曲聊慰其情。

东南形胜，三吴都会，钱塘自古繁华。

【注释】出自宋·柳永《望海潮》。形胜，指山川秀美。三吴，指吴兴、吴郡、会稽。钱塘，今浙江杭州，南宋时称临安。

【译文/点评】此言杭州自古以来便是东南山川秀美之地，也是三吴地区的都会所在，繁华景象历千年而不衰。

断肠春色在江南。

【注释】出自唐·韦庄《古离别》。

【译文/点评】此言江南迷人的春色使远行之人不忍离去。“断肠”，乃是夸张的说法，意在说明离别江南的悲苦之情，以此突显江南春色的美丽绝伦。

风起塞云断，夜深关月开。

【注释】出自唐·李益《夜上受降城闻笛》。开，出来。

【译文/点评】此写风吹云散、夜深月出的关塞夜景。

孤村芳草远，斜日杏花飞。

【注释】出自宋·寇准《江南春》。

【译文/点评】此写早春时节的江南景象：碧草连天，视野所及唯见孤村；夕阳依山，杏花随风冉冉飘荡。前句写“孤村”，意在强调芳草地之广大无边，有意让孤村与无边的芳草形成对比，从而使广者更广、孤者更孤。后句写“斜日”，意在通过残阳如血的颜色与杏花之红相映照，以斜阳依山冉冉而下的依恋形象写杏花飘落树上的依恋之情，从而暗写出诗人怜花惜春的心情。两句写景气象非常阔大，色彩感也非常鲜明，读来犹如赏画，不禁让人顿生对春日江南的无限神往之情。

关寒塞榆落，月白胡天风。

【注释】出自唐·李益《送柳判官赴振武》。榆，榆树。胡天，指塞外的天空。胡，是古代中国对北方或西北少数民族的一种称呼。

【译文/点评】此写塞外秋天风劲天寒、榆叶飘零、月色苍白的景象。意在强调塞外的荒凉。

关云常带雨，塞水不成河。

【注释】出自唐·杜甫《寓目》。关云，边关之云。塞水，边塞的河流。

【译文/点评】此言塞外多云，虽带雨气，却降水不多，河流常常流不动。意谓边塞云多水少，气候干旱。

寒沙茫茫出关道，骆驼夜吼黄云老。

【注释】出自元·陈孚《居庸叠翠》。黄云，指沙尘暴。

【译文/点评】此写居庸关外的景象。前句写白天所见的荒凉之景：茫茫沙漠一望无际，出关之道天寒地冻。“寒沙”之“寒”点出了天气之寒冷；“茫茫”，则写出了沙漠的广阔无垠。后句写夜晚行走于沙漠中的艰苦情状，但不直写，而用侧笔。写沙漠难行，以“骆驼夜吼”来表现。骆驼是沙漠之舟，本就适应沙漠的艰苦环境，而今却在夜中发出低沉的吼声，其艰难情状自然可以想见。写沙尘铺天盖地而来的景象，以“黄云”来比喻，且以“老”字来形容，既突显了沙尘的浓厚，又形象地写出了风卷黄沙的沙漠夜景。

寒沙四面平，飞雪千里惊。风断阴山树，雾失交河城。

【注释】出自南朝梁·范云《效古诗》。阴山，在今黄河河套以北、大漠以南。交河，在今新疆吐鲁番西北。

【译文/点评】此写飞沙满天、飞雪千里、朔风折树、雾失城池的塞外景象。四句都是运用夸张修辞手法，第一句极言飞沙的铺天盖地；第二句极言雪大雪广；第三句极言寒风之烈之劲；第四句极言雾气之浓。所写景象虽不完全是事实，但夸张的笔触却由此加深了人们对塞外沙、雪、风、雾之大的深刻印象，领略到塞外恶劣的气候特征。

瀚海经年到，交河出塞流。

【注释】出自唐·王维《送平澹然判官》。瀚海，沙漠。经年，一整年。交河，在今新疆吐鲁番西北，因两河相交，绕城而流，故名。

【译文/点评】前句写沙漠的广漠无边之景，后句写交河绕城流出塞外之貌。前句写沙漠，表现的是一种枯燥与沉闷的情调；后句写河流，表现的是一种灵动与希望的意蕴。

瀚海阑干百丈冰，愁云惨淡万里凝。

【注释】出自唐·岑参《白雪歌送武判官归京》。瀚海，沙漠。阑干，纵横交错的样子。

【译文/点评】此写沙漠无边、冰雪满眼、寒云笼野的边地风光。表现的是西北边塞的苦寒情景。

红杏香中箫鼓，绿杨影里秋千。

【注释】出自宋·俞国宝《风入松》。

【译文/点评】此写春日红杏吐芳，杨柳枝绿，青年女子花中弄箫鼓、树间荡秋千的景象。前句写声音，后句写形象，形声兼备，给人以身临其境之感，让人思之不尽，味之无穷。

忽如一夜春风来，千树万树梨花开。

【注释】出自唐·岑参《白雪歌送武判官归京》。

【译文/点评】此写西北边地苦寒、八月飞雪的情状。下雪本是一种令人心生寒意的天象，但由于诗人运用比喻修辞手法，将“胡天八月”一夜之间便大雪茫茫的情景比作是春风一夜吹开了千万树梨花，比得新颖，又比得贴切（“梨花”与“雪”都是洁白之色），顿使悲苦之情化为温暖的春意，哀景变为乐景，不禁让人顿生欢呼雀跃之感，冬的畏惧感为之一扫而光，春的喜悦感油然而生。

胡雁哀鸣夜夜飞，胡儿眼泪双双落。

【注释】出自唐·李颀《古从军行》。胡，中国古代对北方少数民族的称呼。胡雁，指北方的大雁。胡儿，指北方边地之民。

【译文/点评】秋至草枯，北雁南飞，令人有无限的伤秋之情。雁叫之声，本无悲喜之说，而诗人却说“哀鸣”，这是以人度雁，表达的是胡儿对南飞的北雁的留恋之情。由此，自然逼出后句“眼泪双双落”的话。“夜夜”对“双双”，是通过叠字对仗，表达一种雁飞不止、人哀不已的情感。

湖山信是东南美，一望弥千里。

【注释】出自宋·苏轼《虞美人》。信，确实。弥，满、遍。

【译文/点评】此言东南之地的山水最美，而且放眼望去，触目都是美景。

黄沙风卷半空抛，云重阴山雪满郊。

【注释】出自辽·赵延寿《失题》。阴山，在今内蒙古自治区境内，此指古代北方高寒地区之山。

【译文/点评】此写塞外冬天之景。前句写塞外沙尘暴来势凶猛之状，后句写塞外阴云密布、大雪漫天之景。突显的是塞外气候条件的恶劣情状。

黄沙碛里客行迷，四望云天直下低。

【注释】出自唐·岑参《过碛》。碛（qì），水中沙堆，此指沙漠。

【译文/点评】此写黄沙漫漫、大漠无边、云来云去、天幕低垂、四望无人的大漠景象。“客行迷”，言大漠之广大；“直下低”，写大漠一望无际，地平线看起来很低。

黄云断春色，画角起边愁。

【注释】出自唐·王维《送平澹然判官》。黄云，指沙尘暴。画角，古代军中号角。

【译文/点评】沙尘暴刮得天昏地暗，边塞刚刚呈现的春天的生气就被断送了；战斗的号角吹起，一场残酷的厮杀又要开始了。此写边塞恶劣的气候条件与战争随时爆发的危险。

回乐烽前沙似雪，受降城外月如霜。

【注释】出自唐 · 李益《夜上受降城闻笛》。回乐，指唐代的回乐城，在今宁夏回族自治区。烽，指烽火台。受降城，即唐代回乐城的别称，因唐太宗曾亲往灵州接受突厥的投降，故称“受降城”。

【译文/点评】此以比喻修辞手法写回乐烽前与回乐城外月洁、沙白之景。诗以“雪”喻“沙”，以“霜”喻“月”，是写实，也是写心，表达的是戍守边疆的将士望月思乡的凄凉之情。因为紧接着的两句“不知何处吹芦管，一夜征人尽望乡”，将此二句写景之意作了淋漓尽致的诠注。

疾风冲塞起，沙砾自飘扬。马毛缩如蝟，角弓不可张。

【注释】出自南朝宋 · 鲍照《代出自蓟北门行》。蝟，同“猬”，刺猬。角弓，一种用兽角装饰的弓。不可，不能。张，拉开。

【译文/点评】此写塞外疾风飘沙、马毛硬如猥毛、角弓不能拉开的苦寒情景。

剑河风急雪片阔，沙口石冻马蹄脱。

【注释】出自唐 · 岑参《轮台歌奉送封大夫出师西征》。剑河，唐代西部一个河流名。

【译文/点评】此写西部边塞风急雪大、沙冻石硬、马蹄也要脱落的苦塞情状，读人令人不寒而栗，深为西征将士勇往直前奔赴前线的精神而感动。

江东不但鲈鱼美，一看溪山直万钱。

【注释】出自宋 · 张耒《雪溪道至四安镇》。江东，指今江苏长江东岸一带地方。鲈鱼，一种名贵的淡水鱼。直，值。

【译文/点评】此言江东不但物产丰富，而且山水秀美。

江南春色何处好，燕子双飞故宫道。

【注释】出自唐·刘禹锡《乐天寄忆旧游因作报白君以答》。故宫道，指南朝故都金陵故宫之道。

【译文/点评】此言江南春色以金陵为美。前句“设问”，后句作答，突出强调了南朝故都金陵的春色之美。但写春色不见绿水青山，仅着笔于双飞的燕子留恋地飞在故宫之道上，给人留下了丰富的想象空间，别有一种味之无穷的感觉。

江南二月春，东风转绿苹。

【注释】出自南朝梁·江淹《咏美人春游》。苹，通“萍”，浮萍。

【译文/点评】此写江南二月东风轻拂，浮萍飘转的景象。诗从风水互动着笔，将平常细微的景象写得亲切有味。表现了一种江南春色尽在风生水起之间的主旨。

江南二月多芳草，春在蒙蒙细雨中。

【注释】出自宋·释仲殊《绝句》。

【译文/点评】此言仲春时节正是江南花开草长、春雨绵绵之时。

江南佳丽地，金陵帝王州。

【注释】出自南朝齐·谢朓《隋王鼓吹曲·入朝曲》。佳丽，美女。金陵，即今之南京。

【译文/点评】此言江南是美女荟萃之地，金陵是历代帝王定都之所。意在夸说江南是人杰地灵之地。

江南佳丽地，山水旧难名。

【注释】出自唐·孟浩然《送袁太祝尉豫章》。佳丽，美女。旧难名，自古以来就难以形容。

【译文/点评】此言江南物华天宝、人杰地灵，自古亦然。前句写江南美女之众，意在说明江南是人杰地灵之地；后句写江南山水的难以形容，意在突显江南山川秀美无与伦比之意。字里行间，渗透着一种对江南深切的钟爱之情。

江南可采莲，莲叶何田田。

【注释】出自汉·乐府古辞《江南》。田田，莲叶茂密之貌。

【译文/点评】此写江南采莲之乐及莲叶茂盛之状。

江南三月，犹有枝头千点雪。

【注释】出自宋·释仲殊《减字木兰花》。犹，还。

【译文/点评】此言江南暮春时节仍有繁花盛开的景象。“千点雪”，是比喻修辞手法，是说枝头繁花盛开之状就像是落满了千朵洁白的雪花一样。“千点”，不是实写，乃是夸张，意在突出强调花朵之多。

九月天山风似刀，城南猎马缩寒毛。

【注释】出自唐·岑参《赵将军歌》。

【译文/点评】前句以比喻修辞手法描写天山九月风寒的程度，让人如有切肤之感。后句直叙猎马畏寒的情状。前者形象，后者理性，前后配合，将边塞苦寒的情状真切地表现出来，令人不禁为守边的将士不畏艰苦的爱国精神所感动。

剧怜春雨江潭后，一曲清波半亩阴。

【注释】出自清·钱谦益《河间城外柳》。剧怜，最爱。江潭，代指故乡。

【译文/点评】此写诗人见他乡之柳而忆及江南故乡春柳之姿及深切的怀乡之情。前句直抒爱乡之情，后句写故乡柳树的与众不同：树大荫浓，能遮半亩水面。这是夸张，但夸张中最能见出其对故乡的深切思念之情。如此抒情与写景相结合，便将对江南故乡的深切思念之情淋漓尽致地表达出来了。同时，也让人从“一曲清波半亩阴”的写景中生发出对江南春天的无限憧憬之情。

卷地朔风沙似雪，家家行帐下毡帘。

【注释】出自元·萨都剌《上京即事五首》（其三）。朔风，北风。行帐，游牧民族随时迁移的帐篷。毡帘，毛毡做的门帘。

【译文/点评】前句写塞外冬天北风呼啸、沙漠似雪的景象，后句写家家下帘御寒之景。前后两句意思互相补足，共同表达出塞外冬天苦寒的意蕴。

帘外轻阴人未起，卖花声里梦江南。

【注释】出自清·舒瞻《题杏花春雨图》。

【译文/点评】日上三竿，却仍在床上。原因何在？原来是睡梦中听到了江南的卖花之声。“帘外轻阴”，言太阳已经升起，故地上有树木投下的轻阴。“卖花声”，是以一个特定细节来暗写江南春日繁花似锦的景象。“梦江南”，折绕地表达了这样一个意思：江南是个令人魂牵梦萦的好地方。

凉州七里十万家，胡人半解弹琵琶。

【注释】出自唐·岑参《凉州馆中与诸判官夜集》。凉州，在今甘肃武威。

【译文/点评】此写凉州热闹繁华景象，意在突出强调边疆的宁静与天下太平的盛世气象。前句是夸张，极言凉州人口之稠密，意在突显其繁华；后句也是夸张，表面是强调凉州会弹琵琶的胡人之多，实际要表达的意思是说凉州边地安宁和乐，胡汉和睦相处，其意是要突显边境安宁无事的盛世景象。在一般人的印象中，总以为西北边塞是荒凉之地，但此诗所写凉州人口之众、弦歌风气之盛，却改变了世人的这个印象，读之不禁让人对边塞生活生出无限神往之情。

临水朱门花一径，尽日鸟啼人静。

【注释】出自宋 · 贺铸《清平乐》。朱门，红门，代指富贵人家。尽日，整天。

【译文/点评】此写富贵人家幽雅静谧的居住环境。朱门临水、繁花成径，是写门外的幽雅之致；鸟啼鸣、人无声，是写门内的静谧之韵。“朱门”、“花”皆有色，“临水”、“花径”皆有动感在其中；“鸟啼”即寓意“人静”，而与“人静”并提，则使语意反复，更突显出所要强调的静谧的意旨。

虏地山川壮，单于鼓角雄。

【注释】出自唐 · 李益《送柳判官赴振武》。虏地，指北方边塞之地。“虏”是中国古代对北方少数民族的蔑称。单(chán)于，匈奴首领的称号。

【译文/点评】此言塞外草原山河壮阔、匈奴军队士气高昂。

落日下河源，寒山静秋塞。

【注释】出自唐 · 王维《奉和圣制送不蒙都护兼鸿胪卿归安西应制》。河源，指黄河的源头地区。

【译文/点评】前句写落日、写河水，表现的是一种动态之美；后句写山脉、写关塞，表现的是一种静态之美。如此动静结合，就将秋日边塞夕阳西下、大河奔流、静山固塞之景如同一幅山水画般地描摹出来了，别有一种苍凉的凄美之感。

落日照大旗，马鸣风萧萧。

【注释】出自唐 · 杜甫《后出塞五首》（其二）。萧萧，指风声。

【译文/点评】此二句乃是写日暮时分的边塞军营晚景。前句是视觉形象，所写的“落日”、“大旗”都是红色，见之让人顿生一种壮烈之感；后句是听觉形象，所写的“马鸣”、“风萧萧”，皆是悲声，闻之让人顿生一种悲壮之感。由此，一幅夕阳与战旗相映、战马嘶叫与朔风萧萧之声彼此应和的边塞日暮行军图画便“有声有色”地呈现在读者面前。

莫将边地比京都，八月严霜草已枯。

【注释】出自唐·王缙《九日作》。边地，边塞之地。京都，指唐代国都长安。

【译文/点评】此写边塞之地八月即已霜严草枯的恶劣气候特点。意欲表达守卫边塞不易的主旨。

暮春三月，江南草长，杂花生树，群莺乱飞。

【注释】出自南朝梁·丘迟《与陈伯之书》。

【译文/点评】此以示现修辞手法，将暮春三月的江南景色写得历历在目，仿佛就在眼前，有形象（花草）有声音（群莺），让人有一种身临其境之感，陈伯之读了这封信后，最终选择了从北朝率师重回南朝，正是此江南春景勾起了他的乡国之思。从而在历史上创下了一段佳话。

暮天沙漠漠，空碛马萧萧。

【注释】出自唐·皇甫曾《送和西蕃使》。漠漠，此指广阔无边的样子。碛（qì），水中沙堆，此指沙漠。萧萧，此指马鸣之声。

【译文/点评】此写暮色苍茫之中，大漠广阔无边，空旷之野征马萧萧的景象。此写马萧萧，是通过马不忍离去而写人不忍分别之情。

暮云空碛时驱马，秋日平原好射雕。

【注释】出自唐·王维《出塞》。碛，水中沙堆，此指沙漠。时，不时。雕，鹰类的猛禽。

【译文/点评】此写秋日在空旷的大漠之上纵情驰骋、暮云之中弯弓射雕的豪迈之情。

扁舟一棹归何处？家在江南黄叶村。

【注释】出自宋·苏轼《书李世南所画秋景》。棹（zhào），划船的一种工具。扁（piān）舟，小船。

【译文/点评】此虽是赞扬朋友画作之句，却也是写江南秋景美色之句。“黄叶村”虽是村名，却暗含了“黄叶”一词。这是运用双关修辞手法，一语双关，将秋日树叶黄的江南秋景巧妙地呈现出来，婉约蕴藉，给人留下无限的想象空间。“扁舟一棹归何处”的设问，既表达了驾舟者急切归去的心情，也暗含了江南秋色的醉人之意。不然，何以要归去得那么急呢？

碛冷唯逢雁，天春不见花。

【注释】出自唐·于鹄《送客临边》。碛，水中沙堆，此指沙漠。

【译文/点评】此写沙漠之中春到不见花、唯见大雁飞的景象，突出强调的是大漠塞外的荒凉。

千里好山青入楚，几家深树碧藏楼。

【注释】出自唐·牟融《送徐浩》。楚，指古代楚国之地，此指江南。

【译文/点评】此写春天江南到处青山、碧树掩楼的景象。前句是泛写，后句是特写，远景与近景相结合，就如电影“蒙太奇”，画面感极强。

千里莺啼绿映红，水村山郭酒旗风。

【注释】出自唐·杜牧《江南春》。

【译文/点评】前句写江南的春天花红柳绿、莺歌燕舞之景，而以“千里”冠之于前，气象顿然阔大起来，让人有一种无限美景一望无际、望之不尽之感。后句写傍水而聚之村落、依山而筑之城郭到处酒旗迎风飘动之景，暗示的是江南的富庶与生活的悠闲，让人顿生无限的艳羡之情。

青海戍头空有月，黄沙碛里本无春。

【注释】出自唐·柳中庸《凉州曲二首》（其一）。戍（shù）头，指戍守之地。碛（qì），水中沙堆，此指沙漠。

【译文/点评】此言塞外唯有黄沙漫漫而不见春色，虽也有一轮皓月，但睹之更觉凄凉。“空有月”，正是这种情绪的表露。

青山隐隐水迢迢，秋尽江南草未凋。

【注释】出自唐·杜牧《寄扬州韩绰判官》。隐隐，指遥远深绿之貌。迢迢，悠远绵长之貌。

【译文/点评】此写东南暮秋草木凋零、青山依旧、秋水悠悠的景象。秋天虽是令人感伤的季节，但有江南“隐隐”的青山、“迢迢”的绿水，仍能勾起人们对江南美色的无限遐想。秋日的江南，也别有一种令人陶醉的景致。叠字“隐隐”与“迢迢”，状山水之貌，视听觉效果都非常好。

穷荒绝漠鸟不飞，万碛千山梦犹懒。

【注释】出自唐·岑参《与独孤渐道别长句兼呈严八侍御》。碛，水中沙堆，此指沙漠。

【译文/点评】此言塞外的荒凉之状。“鸟不飞”，明言无鸟，实言杳无人迹；“梦犹懒”，明说梦中都不想去，暗寓塞外是极为荒凉之所在。

绕郭荷花三十里，拂城松树一千株。

【注释】出自唐·白居易《余杭形胜》。

【译文/点评】此写杭州城荷花、松树绕村郭的优美景致。“三十里”、“一千株”，皆是虚指，运用的是修辞上的夸张法，意在突出强调杭州城荷花、松树之多，以给读者留下深刻的印象。

人人尽说江南好，游人只合江南老。

【注释】出自唐·韦庄《菩萨蛮》。合，应当。

【译文/点评】此言江南之外的游人游了江南不忍离去，都想终老于此。意在夸说江南之美。

日出江花红胜火，春来江水绿如蓝。

【注释】出自唐·白居易《忆江南》。江花，指江边之花（非指浪花，唐诗中有很多写江花之句，皆实指花，而非浪花）。

【译文/点评】此写江南春日景象。前句写朝日初升时霞光万丈、江边之花红艳如火的景象。“江花红胜火”是比喻（较喻），以火与花的红艳相比，但不用比喻词“像”，而用“胜”，是有意在比较中突出强调江花之红。从而也在突出强调江花之红的同时，暗写出旭日初升时那种红彤彤的形象。后句写天光山影映水、江水清澈碧绿的景象。“江水绿如蓝”是比喻，以蓝天之色与碧绿的江水相比，突出强调了江水深绿的程度，同时与“春来”相呼应，交代了之所以有此景象的原因。

三月江南莺乱飞，百花满树柳依依。

【注释】出自元·赵孟頫《纪旧游》。乱飞，指飞舞的莺数量多。依依，指柳枝柔弱，随风摆动的样子。

【译文/点评】此写江南三月群莺飞舞、百花争艳、杨柳依依的景象。

塞草烟光阔，渭水波声咽。

【注释】出自宋·寇准《阳光引》。渭水，即渭河，黄河的支流，在今陕西省中部。

【译文/点评】此写塞草连天、一望如烟，渭河涨水、涛急有声的景象。

塞鸿先秋去，边草入夏生。

【注释】出自唐·段成式《酉阳杂俎》引唐朱景玄诗句。塞鸿，塞外的大雁。

【译文/点评】雁是能给广袤的草原带来生气的候鸟，却在萧瑟的秋天将到之时飞走了，那么草原上又是何等的荒寂呢？百草返青，是草原上最美的时候，也是草原人民最欢欣鼓舞的时节。然而，这时节却要等到入夏才能见到，比内地晚了很多，这又是多么令人惋惜的呢！可见，此二句意在强调塞外春夏季节短、气候条件差，有悲秋怜春之意。

塞迥连天雪，河深彻底冰。

【注释】出自唐·马戴《边将》。迥，远。

【译文/点评】此写塞上风雪连天、无边无际，河水浩大、遇寒全冻的景象。前句写雪大，后句写冰厚。由此将塞上冰天雪地的景象形象地表现出来，犹如一幅寒塞冰原图，令人不寒而栗。

塞柳行疏翠，山梨结小红。

【注释】出自唐·杜甫《雨晴》。小红，指小而红的果实。

【译文/点评】此写边塞柳树翠绿而稀疏、山梨结果小而红的景象。

塞下秋来风景异，衡阳雁去无留意。

【注释】出自宋·范仲淹《渔家傲》。塞下，指塞外。衡阳雁去，衡阳有回雁峰，传说北雁飞到此处就不再南飞了。

【译文/点评】此言塞外秋来万物尽萧瑟、大雁往南飞的景象。以“无留意”写大雁，是比拟修辞手法的运用，意在将雁人格化，说雁不愿逗留草原，毫不留恋地飞往南方，意在强调秋天草原的荒凉。

沙飞朝似幕，云起夜疑城。

【注释】出自南朝梁 · 萧纲《陇西行》。幕，帐篷。城，指城墙。

【译文/点评】早上沙飞不辨物，大地恍如一幅帐幕；晚上云起满天空，四下犹如一堵城墙。此乃写塞外朝沙夜云的气候特征。

沙阔戍楼迥，风高边日清。

【注释】出自宋 · 寇准《途次三首》（其一）。戍（shù）楼，指防守边疆的城楼。迥（jiǒng），远。边，边境。

【译文/点评】此写沙漠无垠、戍楼兀立，狂风劲烈、太阳清冷的边境景象。表现的是边境的艰苦环境。

沙平连白雪，蓬卷入黄云。

【注释】出自唐 · 王维《送张判官赴河西》。蓬，蓬草。

【译文/点评】此写塞外大漠无边、白雪连天，风卷沙扬、蓬草飞天的景象。这种塞外风光，虽是生活中我们难以面对的苦境，但从文学艺术的角度来观赏则别有一种苍凉、旷远的美感。

霜花草上大如钱，挥刀不入迷蒙天。

【注释】出自唐 · 李贺《北中寒》。

【译文/点评】此写塞外天寒之状。“大如钱”，是比喻，也是夸张，强调的是草上霜花凝结之厚之重；“挥刀不入”，是夸张，意在形象地说明塞外寒气塞天的迷蒙之状。

霜威出塞早，云色渡河秋。

【注释】出自唐·李白《太原早秋》。河，古代特指黄河。

【译文/点评】此写塞外霜降早、黄河秋云浓的景象。

水静楼阴直，山昏塞日斜。

【注释】出自唐·杜甫《遣兴》。阴，阴影。

【译文/点评】此写夕阳西下、楼投直影、水波不兴、山色昏暗的塞外晚景。

朔风萧条白云飞，胡笳哀急边气寒。

【注释】出自南朝宋·鲍照《拟行路难十八首》（其十四）。朔风，北风。胡笳，古代北方少数民族吹奏的一种乐器。

【译文/点评】此写边塞生活的孤寂与气候的恶劣情状。“白云飞”、“胡笳哀”，以形象与声音突出边塞生活的孤寂（边塞除了白云飞，就没有什么可看的风景。胡笳是胡人的乐器，由胡乐可知其所居环境）。“朔风萧条”、“边气寒”，则直写边塞气候的恶劣。

四面边声连角起，千嶂里，长烟落日孤城闭。

【注释】出自宋·范仲淹《渔家傲》。边声，指边塞的各种声音，如马嘶声、风声等。角，指号角声。嶂，高耸险峻如同屏障一般的山峰。

【译文/点评】此写边塞关城日暮时分的情景：千峰壁立、烽烟直上的远景之下，一轮红日冉冉西下，秋风萧瑟，马鸣萧萧，号角四起，一座边塞孤城的城门徐徐关闭。其所勾勒的边塞晚景，就像一幅生动的图画，有声有色，虽然格调有些苍凉，但意象却阔大悲壮，让人有一种身临其境之感。

苏小门前花满株，苏公堤上女当垆。

【注释】出自元·杨维桢《西湖竹枝词》（其一）。苏小，指南齐名妓苏小小。苏公堤，指宋代苏轼知杭州时疏浚西湖所筑的堤坝。当垆，指坐在炉前卖酒。垆，是古代酒店前放酒瓮的土台子，代指酒店。

【译文/点评】此写春天杭州的景象：昔日苏小小居住之地满树繁花，当年苏轼所筑的西湖苏堤之上热闹非凡。这两句写景虽然很美，但最妙的不是写景本身，而是诗句用了三个典故而大大扩大了诗句的意蕴内涵。前句不说满街或满城，或是某地，而特意写“苏小门前”，不禁让人由此联想到了南齐名妓苏小小的往事；后句不说西湖边，而特提“苏公堤”，则又不禁让人遥想当年苏轼西湖筑堤的往事。不说女子卖酒，而说“女当垆”，不禁又让人联想起汉代司马相如与卓文君在成都当垆卖酒的风流佳话。这种在写景中咏史、在咏史中写景的笔触，自然使诗句更有令人回味的空间，从而大大提升了诗句的审美价值。

涛声夜入伍员庙，柳色春藏苏小家。

【注释】出自唐·白居易《杭州春望》。涛声，此指钱塘江江水之声。伍员，即伍子胥，春秋时代楚国人，曾入吴为相，助吴国打败楚国和越国。伍员庙，在杭州城内吴山之上。苏小，即苏小小，六朝时南齐歌妓，家住钱塘。

【译文/点评】此写杭州城江声夜作、柳绿春到的景象。诗中点到“伍员庙”、“苏小家”两个特定的历史遗迹，不仅仅是为了对仗的形式需要，更是为了勾起人们对历史的回味，抒发诗人自己睹物思人的历史沧桑感。

天苍苍，野茫茫，风吹草低见牛羊。

【注释】出自北齐民歌《敕勒歌》。见，同“现”，呈现。

【译文/点评】此写塞外天高地广、牛羊遍野的景象。诗以叠字修辞手法，用“苍苍”状天之高远，“茫茫”写草原之广阔，不仅读之音律和谐，而且味之更觉意境阔大。

万里寒光生积雪，三边曙色动危旌。

【注释】出自唐·祖咏《望蓟门》。三边，古指幽州、并州、凉州，这里则泛指东北、北方、西北等边塞之地。危，高。旌，旗帜。前句正常的语序应该是“万里积雪寒光生”，之所以这样倒装成句，那是为了与后句构成对仗。

【译文/点评】此写塞外清晨积雪万里、寒光耀目、曙色初露、军旗高飘的景象。前句运用夸张修辞手法，以“万里”突出了幽州边塞的辽阔空旷与风雪茫茫的景象，在说明了“寒光生”原因的同时，也强调了边塞生活之“苦”。后句的“三边”是泛指，意在由此及彼表现边塞守疆将士高昂的斗志与严整的军容。写曙色中的旗帜高高飘扬，虽然见物不见人，但却突出了守边将士时刻警惕地守卫着祖国边疆的形象。因为旗帜正是军队的象征，有旗在，便有人在。前句写静景，后句写动景。动静结合，遂绘就了一幅生动的边塞雪晨图，让人顿生如临其境之感。

雾烽暗无色，霜旗冻不翻。

【注释】出自隋·虞世基《出塞二首》（其二）。

【译文/点评】烽火在大雾中黯然无色、战旗被霜冻住不能翻飞。此写塞外恶劣的气候条件。

细看造物初无物，春到江南花自开。

【注释】出自宋·苏轼《和荆公绝句》。造物，指造物主，即天。

【译文/点评】此言春到江南是悄无声息的，是自然现象。

闲梦江南梅熟日，夜船吹笛雨潇潇，人语驿边桥。

【注释】出自唐·皇甫松《梦江南》。驿，驿站，古代供传递公文或消息的人中途休息的地方。

【译文/点评】此写对江南向往之梦境：春雨潇潇，梅子成熟，夜船响笛声，人语驿边桥。意境凄迷，朦胧深邃，如同一幅形声并茂的山水画，让人味之无尽。

杏花春雨江南。

【注释】出自元·虞集《风入松》。

【译文/点评】此写江南春天杏花盛开、细雨绵绵的气候特点。这句最让人印象深刻之处是它的表达方式。全句不用任何虚词，完全打破语法或逻辑的规约，让三个名词（杏花、春雨、江南）并置叠放在一起，就像电影“蒙太奇”一样，给人以立体的视觉感受，让人有无限的回味联想空间。这便是修辞学上所说的列锦修辞手法的效果。

雪暗天山道，冰塞交河源。

【注释】出自隋·虞世基《出塞二首》（其二）。交河，河道故址在今新疆吐鲁番西北一带。

【译文/点评】大雪下得铺天盖地，天山之道昏暗难辨；冰天雪地，交河的源头被冰冻住不流。此写西北边疆艰苦恶劣的气候条件。

雪冻弓弦断，风鼓旗竿折。

【注释】出自南朝梁·辙《陇头水》。折，断。

【译文/点评】此写边塞之地风劲天寒的恶劣气候条件。

雪净胡天牧马还，月明羌笛戍楼间。

【注释】出自唐·高适《塞上听吹笛》。胡天，指北方少数民族聚居区的天空。羌笛，北方少数民族吹奏的一种乐器。戍（shù）楼，瞭望敌情的岗楼。

【译文/点评】大雪停歇，北国的天空格外高蓝，胡人从远方牧马归来；当一轮明月升起在草原之上时，悠扬的羌笛之声回旋在边塞戍楼之间。此写边塞少数民族人民的生活情景。

寻河愁地尽，过碛觉天低。

【注释】出自唐·岑参《碛西头送李判官入京》。河，指黄河。碛，水中沙堆，此指沙漠。

【译文/点评】前句言寻找黄河的源头，觉得好像已经到了地的尽头；后句言穿过广袤的沙漠，觉得地平线很低，天好像低得伸手可及。两句都是运用夸张修辞手法，极言地之偏、天之低，意在强调黄河源头之远、西北大漠之广。

烟柳画桥，风帘翠幕，参差十万人家。

【注释】出自宋·柳永《望海潮》。烟柳，柳如烟，形容柳色无边无际的样子。画桥，如画一般的桥。

【译文/点评】此写杭州城的繁华景象。“烟柳画桥”，以柳与桥为着笔点，写街巷河桥的优美；“风帘翠幕”，以帘、幕为代表，写民居的精致。“参差十万人家”，乃是夸张，极言杭州城人口之稠密、市井之繁华。

眼见风来沙旋移，经年不省草生时。

【注释】出自唐·李益《度破讷沙二首》（其一）。旋，立即。省，知道。

【译文/点评】此写沙漠之中风来沙移、寸草不生的荒凉之景。

野云万里无城郭，雨雪纷纷连大漠。

【注释】出自唐·李颀《古从军行》。

【译文/点评】此写乱云浮动、不辨城郭，大漠无边、雨雪纷飞的边塞冬日景象。前句写天上，后句写地下，上下结合，将边塞恶劣的气候特征以凄美苍凉的笔触表现出来，令人印象深刻，历久难忘。

一片江南水墨图。

【注释】出自宋 · 刘敞《微雨登城二首》（其一）。

【译文/点评】此以水墨画比江南风光，虽不直言江南之美，但美已在其中矣，而且给人留下的想象空间更大。

一年湖上春如梦，二月江南水似天。

【注释】出自元 · 迺贤《次段吉甫助教春日怀江南》。

【译文/点评】此写江南春水及水天一色之景。前句写如梦如幻的江南之春色，后句写水天一色的江南之春水。“春如梦”与“水似天”，都是运用比喻修辞手法。前者以抽象比具象，给人以无限的回味空间；后者以眼前之物（水）比眼外之物（天），将有限之景作了无限的延伸，扩展了诗句的诗境，提升了诗的审美价值。

一路野花开似雪，但闻香气不知名。

【注释】出自清 · 吴嵩梁《江南道中》。但，只。

【译文/点评】此写春天走在江南道中繁花似雪、香气扑鼻的景象。“开似雪”，言花开之盛、花色之白；“不知名”，言花的种类之多。

银山碛口风似箭，铁门关西月如练。

【注释】出自唐 · 岑参《银山碛西馆》。银山碛，唐代一个沙漠名。铁门关，唐代塞外一个关塞名。练，白色的熟绢。

【译文/点评】此以比喻修辞手法写塞外风劲与月洁之状。前句表现的是动感与哀情，后句表现的是静感与闲情。表意生动形象，意象对比非常鲜明，犹如一幅画，有张有弛，开合有度。

莺啼落春后，雁度在秋前。

【注释】出自南朝陈·何胥《被使出关》。

【译文/点评】春天到了，黄莺之声还未听到；秋天未到，大雁已经南飞了。此写塞外春天来得迟、秋天来得早的节候特点。

有时无人行，沙石乱飘扬。

【注释】出自唐·岑参《武威送刘单判官赴安西行营便呈高开府》。

【译文/点评】前句写塞外的荒凉，后句写沙漠的风劲。前句写人，后句写风，意在强调边塞生活的艰苦之状。

雨恨云愁，江南依旧称佳丽；水村渔市，一缕孤烟细。

【注释】出自宋·王禹偁《点绛唇》。雨恨云愁，指江南雨多使人愁。佳丽，此指美丽。

【译文/点评】此写江南春天雨云笼罩，细雨绵绵，水村渔市，时隐时现，恰似一缕孤烟的景象。“雨恨云愁”，乃是拟人修辞手法，将雨云人格化，既强调了春日江南云浓雨多的事实，又使这恼人的春雨季节诗意化。“一缕孤烟细”，乃是比喻修辞手法的运用，形象地写出了春雨绵绵中水村渔市远望如烟的景象。

羽檄千山静，羔裘六月寒。

【注释】出自金·周昂《翠屏口七首》（其四）。檄，古代用来征召、声讨的文书。羽檄，指飞羽传檄。

【译文/点评】此写金与蒙古成吉思汗军队作战前的塞外环境。前句写大战一触即发前的异常寂静，暗写出两军按兵不动、互相试探的紧张气氛；后句写塞外六月穿皮裘也觉得寒觉得冷，既是写塞外气候的恶劣，也是写作战前金军内心的紧张。“千山静”的意境让人觉得无比压抑，“六月寒”的感觉让人不寒而栗。

云出三边外，风生万马间。

【注释】出自明·谢榛《榆河晓发》。三边，本指西北、北、东北等古代的边塞地区，此泛指极远的边塞地区。

【译文/点评】此写边塞之景：浮云飘自于极远的塞外、风生于万马奔腾之间。“三边”对“万马”，不仅形式上显得工整，而且在意蕴上也别有寄托，暗写三边形势的紧张之状。如果三边无战事，何用养万马？

云霞出海曙，梅柳渡江春。

【注释】出自唐·杜审言《和晋陵陆丞早春游望》。

【译文/点评】此写江南早春之景。前句写旭日初升、云霞出海之景，气象阔大；后句以拟人修辞手法，将梅柳人格化，以动词“渡”写活了江南江北春天脚步的不一样，从而突显出江南之春早。

征鸿一声起长空，风吹草低山月小。

【注释】出自元·陈孚《居庸叠翠》。征鸿，指飞行的大雁。

【译文/点评】此写居庸关北望所见塞外景象：塞雁夜南飞、声传长空外、秋风吹草倒、山月遥望小。

终日风与雪，连天沙复山。

【注释】出自唐·岑参《寄宇文判官》。复，又。

【译文/点评】此写塞外终日漫天风雪、视野之内唯余沙漠与群山的景象，表现的是边塞的苦寒与荒凉。

昨夜江南春雨足，桃花瘦了鳜鱼肥。

【注释】出自清·孙原湘《观钓者》。鳜（guì）鱼，一种名贵的淡水鱼。

【译文/点评】此写江南一夜春雨之后桃花落、鳜鱼肥的景象。以“瘦”写桃花被春雨打落而稀疏的情状，是运用拟人修辞手法，使表达顿显生动形象起来。

田园风情

暧暧远人村，依依墟里烟。狗吠深巷中，鸡鸣桑树巅。

【注释】出自晋·陶渊明《归田园居五首》（其一）。暧暧（ài），昏昧之貌，指村落相隔较远，看不清楚的样子。依依，轻柔而缓慢的样子，此指炊烟袅袅上升之状。墟里，指村落。吠，叫。巅，顶。

【译文/点评】此写田园的宁静之状，就像一幅画，由远及近，慢慢地展开，有声有色，读之不禁让人对田园生活生出无限的向往之情。

百里西风禾黍香，鸣泉落窦谷登场。

【注释】出自宋·孔平仲《禾熟》。窦，孔穴、水道。

【译文/点评】此写秋风送爽、谷物飘香、鸣泉入沟、五谷登场的丰收景象与田园风光。

板桥人渡泉声，茅檐日午鸡鸣。

【注释】出自唐·顾况《过山农家》。

【译文/点评】此以列锦修辞手法，用六个名词性短语（“鸡鸣”是指“鸡鸣之声”）的叠砌，像电影“蒙太奇”的镜头组合一样，描绘出一幅宁静安详的田园风光图画。

半川云影前山雨，十里香风晚稻花。

【注释】出自宋·曾纡《宁国道中》。

【译文/点评】此写近处云影倒映河中，远处前山雨落纷纷，十里平畴沃野稻花飘香的田园风光，如诗如画，有色有味。

半掩柴门人不见，老牛将犊傍篱眠。

【注释】出自宋·吴潜《绝句》。柴门，指极简陋的门。将，带。犊，小牛。

【译文/点评】此以柴门关掩、牛傍篱眠两个细节，生动地再现了乡村宁静安闲的生活情景。

薄烟杨柳路，微雨杏花村。

【注释】出自唐·许浑《下第归蒲城墅居》。薄，淡。

【译文/点评】此写柳色如烟、杏花春雨的田园风光。

草青随意牛羊卧，门静无人燕雀多。

【注释】出自宋·吴王禺《春日田园杂兴》。

【译文/点评】此写牛羊吃饱后随意卧于草地，庭院寂静无人、燕雀罗于门前的景象，表现的是一种田园闲适静谧的情调。

柴扉日暮随风掩，落尽闲花不见人。

【注释】出自唐·元稹《晚春》。柴扉，柴门，指极简陋的门。

【译文/点评】此写村野清幽宁静的环境。日暮时分，应该是人归掩门之时，但是却不见归人，柴门只是随着风的吹动而自动掩了起来；花开应当有人欣赏，可是花儿落尽也不见有人。两句虽都意在写“静”的境界，但表面却不见一个“静”字，这就是中国古典文学所追求的“不著一字，尽得风流”的理想境界。

晨飙动野，斜月在林。

【注释】出自唐·袁郊《红线》。飙，暴风。

【译文/点评】此写晨风劲吹于野、月亮西沉于林的景象，表现的是一种静谧安详的境界。

城中桃李愁风雨，春在溪头荠菜花。

【注释】出自宋·辛弃疾《鹧鸪天》。荠（jì）菜，一种野生菜蔬。

【译文/点评】初春乍暖还寒之际，城中桃李之花还畏寒未开之时，城外溪头的荠菜花就迎风傲放了。此以荠菜花为特写对象，在表现荠菜花旺盛生命力的同时，也揭示了这样一个现象：春天的脚步总是最先到达田野之上，而非温暖的城里。

春风吹蚕细如蚁，桑芽才努青鸦嘴。

【注释】出自唐·唐彦谦《采桑女》。细如蚁，比喻初生之蚕细小如同蚂蚁的样子。努，伸出。青鸦嘴，指桑叶嫩芽像刚出生的乌鸦的青嘴的样子。

【译文/点评】此以“细如蚁”、“青鸦嘴”比喻蚕蛹刚生、桑芽初吐时的样子，新颖生动，使平淡的叙事顿添情趣。

春入平原荠菜花，新耕雨后落群鸦。

【注释】出自宋·辛弃疾《鹧鸪天》。荠菜，一种野生菜蔬。

【译文/点评】此写早春雨后花开鸟飞的景象。

春雨初晴水拍堤，村南村北鹁鸪啼。

【注释】出自宋·方岳《农谣五首》（其一）。鹁鸪（bó gū），一种鸟，羽毛黑褐色，天将下雨或要放晴时常在树上咕咕叫，故又名“水鸪鸪”。

【译文/点评】此写春水涨江、到处鸟啼的景象。

村静鸟声乐，山低雁影遥。

【注释】出自金·元好问《乙卯十一月往镇州》。

【译文/点评】此写村落静谧、雁飞高远的景象。前句写村落之静，是强调鸟声的欢快，这是以闹衬静；后句写雁飞高远，是写山低的视觉形象，这是以低衬高。

村径绕山松叶暗，柴门临水稻花香。

【注释】出自唐·许浑《晚自朝台津至韦隐居郊园》。柴门，指极简陋的门。

【译文/点评】此写村傍松山、叶密路暗、房舍临水、稻花飘香的田园风光。

村落一溪外，民田四望中。

【注释】出自宋·李存贤《和林东乔》。

【译文/点评】此写溪外是村落、周边皆农田的景象。

村园门巷多相似，处处春风枳壳花。

【注释】出自唐·雍陶《城西访友人别墅》。枳（zhǐ）壳，一种药用动植物。

【译文/点评】此写春风骀荡、处处鲜花的田园风光。

道狭草木长，夕露沾我衣。衣沾不足惜，但使愿无违。

【注释】出自晋·陶渊明《归田园居五首》（其三）。但，只。愿无违，希望不要落空。

【译文/点评】此写诗人农耕生活的辛劳以及希望劳而有成的心理，是写自己，也是替广大农民代言。

地僻乡音别，年丰酒味醇。

【注释】出自宋·王操《村家》。僻，偏僻。别，不同。醇（chún），酒味厚、纯。

【译文/点评】此写偏僻乡村的生活情态：方言与众异，民风朴且淳，丰年酿村酒，自比常酒纯。

登东皋以舒啸，临清流而赋诗。

【注释】出自晋 · 陶渊明《归去来兮辞》。皋，田泽旁边的高地。以，而。舒啸，放声长啸。清流，清澈的河水。赋诗，吟咏、创作。

【译文/点评】登高而长啸，临水则赋诗，此乃何等的风雅，又是何等的闲适！这是诗人田园生活的情趣，也是中国古代无数文人心向往之的隐士生活情调。

东家娶妇，西家归女，灯火门前笑语。

【注释】出自宋 · 辛弃疾《鹊桥仙》。归女，嫁女。

【译文/点评】此写乡间娶妇、嫁女的热闹、欢乐情景。

渡头余落日，墟里上孤烟。

【注释】出自唐 · 王维《辋川闲居赠裴秀才迪》。渡头，渡口。墟里，指村落。孤烟，孤直的炊烟。

【译文/点评】此写乡村傍晚的景象：渡口夕阳红、村落飘炊烟。虽是平白地写景，却有画一般的意境，落日之红、炊烟之白，落日之徐徐而下、炊烟之袅袅上升，正好形成了强烈的对比，使画面丰满而动感十足。

鹅湖山下稻粱肥，豚阱鸡埘对掩扉。

【注释】出自唐 · 张演《社日村居》。稻粱肥，指庄稼成熟。豚阱，猪圈。鸡埘（shí），鸡窝。掩，关。扉，门。

【译文/点评】此写稻花飘香、五谷丰登、六畜兴旺、家不闭户的田园风光，表现的是太平、富足、祥和的社会景象。

方宅十余亩，草屋八九间。榆柳荫后檐，桃李罗堂前。

【注释】出自晋 · 陶渊明《归田园居五首》（其一）。方宅，指傍着住宅的田地。罗，排列。

【译文/点评】有田十余亩、有屋八九间、屋后有榆柳、堂前有桃李，这是诗人理想的田园生活环境，虽是幻想，但读之仍令人顿起艳羡向往之情。

风定花犹落，鸟鸣山更幽。

【注释】出自宋·沈括《梦溪笔谈》卷十四《艺文一》载王安石集句诗。

【译文/点评】这是王安石集前代诗人之句表现一种动中有静、静中有动的优美境界。沈括《梦溪笔谈》卷十四《艺文一》对此二句的来历及妙处有详尽的说明："古人诗有'风定花犹落'之句，以谓无人能对。王荆公以对'鸟鸣山更幽'。'鸟鸣山更幽'本宋王籍诗，元对'蝉噪林逾静，鸟鸣山更幽'，上下句只是一意；'风定花犹落，鸟鸣山更幽'则上句乃静中有动，下句动中有静。荆公始为集句诗，多者至百韵，皆集合前人之句，语意对偶，往往亲切，过于本诗。后人稍稍有效而为者。"

风动叶声山犬吠，一家松火隔秋云。

【注释】出自唐·卢纶《山店》。松火，古代以松明燃烧照明，故称松火。

【译文/点评】此写山中店家的幽静环境。前句写听觉形象，后句写视觉形象。前者表现的是身在其中的亲切感，后者则表现一种可望不可即的飘忽感。如此前后配合，形声兼备，遂描绘出一幅格调清新的山野人家的图画。

妇姑相唤浴蚕去，闲着中庭栀子花。

【注释】出自唐·王建《雨过山村》。妇姑，嫂子与小姑。浴蚕，指选蚕种时先用盐水清洗的程序。栀（zhī）子，一种常绿灌木，春秋开花，花白色，花香浓郁。

【译文/点评】此写山村妇女的日常生活，颇见田园风味。特别是以"闲着"写栀子花的情态，将花比人，更见生动，亦见田园生活的闲适可喜。

隔岸两三家，出墙红杏花。

【注释】出自宋·魏夫人《菩萨蛮》。

【译文/点评】此写隔水远观对岸所见的田园风光：傍水村舍两三家，园中红杏出墙来。

隔溪春色两三花，近水楼台四五家。

【注释】出自元·叶颙《题幽居》。

【译文/点评】此写早春幽静的田园风光。“两三花”，言花是初放，说明是早春。“四五家”，言人家不多。因为是早春，春水不大，因此“近水楼台”的人家也不会感觉到水流之声的干扰。由此，突显出隔溪近水的楼台既“幽”且“静”的氛围。“两三花”与“四五家”相对，经由数量词的呼应，既使对仗形式趋于工整，又由数量词本身突显出“春早”与“人少”的意蕴。

各愿种成千百索，豆萁禾穗满青山。

【注释】出自宋·王禹偁《畬田调五首》（其一）。愿，希望。索，古代计量单位，相当于十丈。

【译文/点评】此写农民希望通过辛勤的劳动以获豆、谷丰收的殷切希望。

孤烟村际起，归雁天边去。

【注释】出自唐·孟浩然《南归阻雪》。

【译文/点评】此写人在异乡、阻雪思归的孤独之情。但这种情感的展露是通过写田园之景而实现的。前句以“孤烟”写所见村庄的孤零之景，明写村孤，实写诗人之孤。后句写归雁高飞，看似无意间仰头所见之景，实是有意借雁归而抒发自己不能归的痛苦之情。

鼓腹无所思，朝起暮归眠。

【注释】出自晋·陶渊明《戊申岁六月中遇火》。鼓腹，拍着肚子。

【译文/点评】此写乡居的悠闲情调：吃饱了拍拍肚子，一无所思，早起晚归眠。简直是神仙的日子。

寒鸦飞数点，流水绕孤村。

【注释】出自隋·杨广《失题》。

【译文/点评】此写鸦飞空中、水绕孤村的暮秋景象。“飞数点”，言鸦飞之高远；“绕孤村”，言水流之缓慢。“寒鸦”与“孤村”，皆是将非人的事物人格化，突出表现的是诗人深切的悲秋情怀。

横云岭外千重树，流水声中一两家。

【注释】出自唐·钱起《题郎士元半日吴村别业兼呈李长官》。

【译文/点评】此写郎士元别业（别墅）居住环境的幽静清雅。“千重树”与“一两家”都是夸张修辞手法的运用，前者是扩大夸张，意在强调别业隐处山中之深、离尘世之远；后者是缩小夸张，意在说明人家之少、环境之幽。

湖边无处看山色，但爱千家带雨耕。

【注释】出自清·魏源《高邮州署秋日偶题》。但，只。

【译文/点评】此写秋日雨后看农民雨中耕作的喜悦之情。

蝴蝶双双入菜花，日长无客到田家。

【注释】出自宋·范成大《四时田园杂兴》。田家，农家。

【译文/点评】此写花自开放蝶自飞、野无行人日偏长的田园景象，表现的是一种静谧恬淡的境界。

荒村带返照，落叶乱纷纷。

【注释】出自唐·刘长卿《碧涧别墅喜皇甫侍御相访》。返照，落日的余晖。

【译文/点评】此写乡村荒凉的景象。“荒村”、“返照”、“落叶”三个常用于写哀景的意象，加上一个写落叶的摹状词“纷纷”，将荒村秋日的荒凉之境淋漓尽致地表现出来。

荒村日西斜，破屋两三家。

【注释】出自宋·尤袤《淮民谣》。

【译文/点评】此写淮河流域农村的贫困荒凉景象。前句以夕阳与荒村对举，描写的是其荒凉之景；后句写人家之少、房屋之破，表现的是其贫困情状。

黄犊青山下，垂杨古道边。

【注释】出自宋·梅询《吴兴道中》。犊（dú），小牛。

【译文/点评】此写黄牛啮草于青山之下、垂柳生长于古道之傍的景象，表现的是一派天然静谧的田园风光。

鸡犬散墟落，桑榆荫远田。

【注释】出自唐·王维《千塔主人》。墟落，指村落。

【译文/点评】此写自然、恬静的乡村风光。前句以“散”写鸡犬在村落中的行动状态，后句以“荫”写桑榆遮田的情景，表现的都是乡村自然、恬静的境界。

寂寞柴门人不到，空林独与白云期。

【注释】出自唐·王维《早秋山中作》。柴门，指非常简陋的门。

【译文/点评】此写山居无客到、空林白云伴的生活状态，表现的是一种自然、质朴、快乐的生活情趣。“与白云期”，是拟人修辞手法的运用，将白云人格化，表达了诗人亲近自然、热爱自然的生活态度，突出其山居寂寞但乐在其中的生活情趣。

江上人家桃树枝，春寒细雨出疏篱。

【注释】出自唐·杜甫《风雨看舟前落花戏为新句》。江上，江边。

【译文/点评】此写江边桃枝冲寒沐雨、破篱而发的景象。在赞颂桃树的勃勃生机与旺盛生命力的同时，抒发了诗人于风雨之中看花的雅兴与欣喜之情。

江深竹静两三家，多事红花映白花。

【注释】出自唐·杜甫《江畔独步寻花七绝句》。

【译文/点评】此写江村恬静优美的环境。前句是写环境的静谧。言“江深”，意谓江流缓，江流缓则无声。写“竹静”，言无风，无风则不起浪，江面更显静。“两三家”，言人少，人少自然静。后句写环境的优美，但不直说，而是以拟人修辞手法将花人格化，说“红花映白花”是“多事”，欲喜还嗔地表达了其赞赏喜悦之情。

近郭乱山横古渡，野庄乔木带新烟。

【注释】出自唐·张继《冯翊西楼》。

【译文/点评】此写苍凉静谧的田园风光。动词“横”与“带”，一写古渡，一写村庄，都是见物而不见人，表现的是静谧的境界。“乱山”、“古渡”、“野庄”、“乔木”等名词，则以特定的意蕴与形象淋漓尽致地写出了苍凉之感。

景翳翳以将入，抚孤松而盘桓。

【注释】出自晋·陶渊明《归去来兮辞》。景，日光，此指太阳。翳翳（yì），遮蔽、隐藏。景翳翳，太阳被遮蔽不见的样子。以，而。盘桓，徘徊、逗留。

【译文/点评】此写观日、抚松而徘徊不归的田园闲适生活。

老牛粗了耕耘债，啮草坡头卧夕阳。

【注释】出自宋·孔平仲《禾熟》。粗，粗粗、基本上。了，结束、完成。啮（niè），啃咬。

【译文/点评】此写老牛耕田任务完成后，夕阳时分卧于坡头啃草的闲适情态。虽然是农村非常平常的场景，但在诗人笔下却写得诗意盎然，老牛也人格化了，读之让人也如老牛一样有一种工作结束后的轻松感。

连郊瑞麦青黄秀，绕路鸣泉深浅流。

【注释】出自宋·吴中复《游海云寺唱和诗》。郊，城外、野外。瑞，祥瑞。青黄秀，指麦子将熟未熟时那种青黄相间的样子。

【译文/点评】此写城郊连成一片的麦子将熟未熟、麦田周围溪流潺潺的情景，恰似一幅油画，有色还有声。

两岸荔枝红，万家烟雨中。

【注释】出自宋·李师中《菩萨蛮》。

【译文/点评】此写荔枝夹岸而红、细雨掩映万家的春日景象。“荔枝”是可感可见之物，“烟雨”则有虚无飘缈之感；荔枝是红色，烟雨是白色；“两岸荔枝红”是近景，“万家烟雨中”是远景。如此虚实结合、红白相间、远近并举，一幅烟雨荔枝图便跃然纸上矣，让人回味无穷。

两岸山花似雪开，家家春酒满银杯。

【注释】出自唐·刘禹锡《竹枝词九首》（其三）。

【译文/点评】此写江边人家优美的环境与欢乐的生活场景。前句以比喻修辞手法将花比雪，写出了山花怒放的盛况；

后句写银杯饮酒的细节，以小见大，表现农家的快乐生活。

林寒正下叶，钓晚欲收纶。

【注释】出自南朝陈·阴铿《江律送刘光禄不及》。下叶，落叶。收纶，收起钓鱼的丝线。

【译文/点评】此写秋风落叶林木寒、钓者天晚欲归家的情景。

邻曲时时来，抗言谈在昔。奇文共欣赏，疑义相与析。

【注释】出自晋·陶渊明《移居二首》（其一）。邻曲，邻居。抗言，高声谈笑、高谈阔论。在昔，往古之事。共，一起。析，剖析。

【译文/点评】此写乡居生活的纯朴情趣：邻里往还，谈天说地，奇文共赏，疑义相析。好一番清静、恬淡、祥和的世界！

流水断桥芳草路，淡烟疏雨落花天。

【注释】出自唐·牟融《陈使君山庄》。

【译文/点评】此写暮春时节薄雾疏雨、落花纷飞的景象与陈使君山庄小桥流水、芳草萋萋的景象。

六月青稻多，千畦碧泉乱。

【注释】出自唐·杜甫《行官张望补稻畦水归》。畦（qí），田间分出的小区。

【译文/点评】此写六月田野中到处都是青稻、碧水之景。“千畦”是夸张，不仅突出强调了稻田面积之大，也使诗句所描写的意象更形阔大。

绿树村边合，青山郭外斜。

【注释】出自唐·孟浩然《过故人庄》。

【译文/点评】前句写近景，后句写远景。“村边合”，写的是故人庄的封闭性，突出的是田园之宁静；“郭外斜”，写的是村外有郭（城）、有山的开放性，强调的是故人庄宁静而不偏僻的地理位置。让人顿生亲近之感，而无畏远之情。

满眼儿孙满檐日，饭香时节午鸡啼。

【注释】出自清 · 汪绎《田家乐》。满檐日，指阳光洒满院落。

【译文/点评】此写农家生活的快乐之情。前句以“满眼儿孙”与“满檐日”并置，意在以阳光灿烂之景衬托儿孙满堂的天伦之乐。后句以“饭香”与“鸡啼”并提，意在表现丰衣足食、人禽两旺的景象。

茅屋深藏人不见，数声鸡犬夕阳中。

【注释】出自清 · 郑燮《潍县竹枝词四十首》（其十）。

【译文/点评】此写夕阳西下、树隐村落、鸡鸣犬吠的乡村景象。

莫言春色无人赏，野菜花开蝶也来。

【注释】出自宋 · 饶节《晚起》。

【译文/点评】此写春天悄然而至，蝴蝶飞于野菜花间的景象。表现的是一种自然天趣。

牧童归去横牛背，短笛无腔信口吹。

【注释】出自宋 · 雷震《村晚》。无腔，不成曲调。

【译文/点评】此写牧童骑牛吹笛的情景，自然而悠然。诗句以“横”、“信口”二词特写牧童的骑牛姿势与吹笛腔调，其意正是为了突显这种自然、悠然的田园生活情调。

农务各自归，闲暇辄相思。相思则披衣，言笑无厌时。

【注释】出自晋 · 陶渊明《移居二首》（其二）。农务，农忙。辄，就。

【译文/点评】农忙各自忙活计，农闲彼此就惦记。夜来难眠披衣起，直入邻家相谈笑。此写乡村单纯、质朴的人际交往方式与恬淡、自然的人际关系。这种纯朴自然的境界，真要让今日过着“闭门各自过，对门不相识”的城居生活的人们生出无限的艳羡之情。

平畴涨清波，陇麦如人深。

【注释】出自宋·汪藻《避地西亭野步》。畴，已耕种的田地。平畴，平整广阔的田地。陇，农田中种农作物的行。

【译文/点评】青青麦苗随风起伏，犹如水中波浪涌动；一陇一陇的麦子长得就像人一样高了。此写平畴沃野麦浪滚滚之状，让人如临其境，顿生喜悦之情，为农民即将喜获丰收而高兴。

平川沃野望不尽，麦陇青青桑郁郁。

【注释】出自宋·陆游《山南行》。平川，平原。沃野，肥沃的田地。陇，种植农作物的一行一行的土埂。郁郁，草木茂盛的样子。

【译文/点评】此写沃野千里、麦苗青青、桑树茂密的田园风光。

阡陌交通，鸡犬相闻。

【注释】出自晋·陶渊明《桃花源记》。阡陌，田间小路，南北叫阡，东西叫陌。交通，相互联通。鸡犬相闻，指邻近村庄的鸡鸣狗吠之声都可以听见。

【译文/点评】田间小路纵横交错，远村近舍鸡犬之声相闻。此写桃花源中的道路村庄之景，画出了一幅宁静安详的世外景象。

青秧出水细如针，嫩叶初齐绿未深。

【注释】出自宋·刘焘《同友人泛舟至仁王寺》。

【译文/点评】此写水稻秧苗初栽时将绿未绿之状。“细如针”是比喻，描写秧苗初栽出水的细小之状。

清江一曲抱村流，长夏江村事事幽。

【注释】出自唐·杜甫《江村》。曲，弯。抱，环绕。

【译文/点评】此写江村长夏“人自无事江自流”的清幽境界。

人归一犬吠，月上百虫响。

【注释】出自元·何中《知非堂夜坐》。吠，叫。

【译文/点评】此写乡村夜晚宁静的情景。其妙处是写静谧却不是直写无声，而是以有声衬无声，通过写“动”态而暗写出“静”态。写人归狗吠，意谓夜里村中极静，除了归人的脚步声，什么声音也没有，不然就不会惊起犬吠。写月明虫响，意谓入夜万籁俱寂，什么声响也没有，以致悄无声息的月亮升起来也会惊动了百虫，这是反衬月出前的极度静谧之境。

人家在何许，云外一声鸡。

【注释】出自宋·梅尧臣《鲁山山行》。何许，何处。

【译文/点评】此写山中人家隐藏之深。“云外”，是夸张，言人家距离之远、位置之高。“一声鸡”，言鸡而写家，表现的是一种生机，展露的是一种山行寂寞中的希望。

日暮苍山远，天寒白屋贫。柴门闻犬吠，风雪夜归人。

【注释】出自唐·刘长卿《逢雪宿芙蓉山主人》。白屋，茅屋。柴门，指非常简陋的门。

【译文/点评】此写乡村贫寒萧瑟的景象。前两句将一间茅屋置于日暮苍山的背景之中，且附带“天寒”的天气交代，其所要表现的贫寒萧瑟的情境尽在其中矣。后二句写狗吠人归的情节，配以“柴门”、“风雪”的环境烘托，其所要表现的归人的辛苦、生活的贫寒之意蕴俱见于情境之中。

日斜深巷无人迹，时见梨花片片飞。

【注释】出自唐·戴叔伦《过柳溪道院》。

【译文/点评】此写傍晚时分“花自飘落日自斜”的静谧安宁的田园风光。

日之夕矣，羊牛下来。

【注释】出自先秦《诗经·王风·君子于役》。矣，句尾语气助词，相当于“了”。来，句尾语气助词，相当于“咧”。

【译文/点评】夕阳西下，牛羊缓缓走下山冈。此二句看似写乡村恬静的晚景，实则以景抒情，通过天晚牛羊尚知归圈与丈夫却不得归家的对比，表达了一位妻子对远在他乡服役的丈夫的深切思念之情。

桑叶隐村户，芦花映钓船。

【注释】出自唐·岑参《寻巩县南李处士别业》。

【译文/点评】此写田园自然宁静的境界。“隐村户”与“映钓船”，写的是深藏不露的景象，因而表现的是宁静的境界。“桑叶”、“芦花”，都是乡间常见的植物，表现的是自然的情调。

桑竹垂余荫，菽稷随时艺。春蚕收长丝，秋熟靡王税。

【注释】出自晋·陶渊明《桃花源诗》。菽，豆的总称。稷，高粱。艺，种植。靡，没有。王税，国税。

【译文/点评】此写桃花源中春种秋收的农桑景象以及自给自足的原始大同境界，这是文学创作的幻想，也是诗人的政治理想。

山净江空水见沙，哀猿啼处两三家。

【注释】出自唐·韩愈《答张十一》。

【译文/点评】此写山水人家的田园风光。前句写山水，表现的是一种阔大清新的视觉形象；后句写人家，以哀猿之声为衬托，表现的是一种凄凉冷清的视听觉形象。如此前后配合，遂描绘出一幅凄清但不失苍凉之美的田园风情图画。

山上层层桃李花，云间烟火是人家。

【注释】出自唐·刘禹锡《竹枝词九首》（其九）。

【译文/点评】此写近山处处花、远望是人家的田园风光。

深巷斜辉静，闲门高柳疏。

【注释】出自唐·王维《济州过赵叟家宴》。斜辉，夕阳的余晖。

【译文/点评】此写一种静谧恬淡的田园情境。前句写斜辉脉脉、深巷无人之景，表现的是一种静谧的境界，句末的“静”字也在字面上予以点出。后句写院门紧闭、高柳疏落的景象，表现的是一种无人的境界，突出的是一种“结庐在人境，而无车马喧”的恬淡境界。句末的“疏”字，既是写柳的形象，也含人情疏落之意。

时复墟曲中，披草共来往。相见无杂言，但道桑麻长。

【注释】出自晋·陶渊明《归田园居五首》（其二）。时复，时而、偶尔。墟曲，山村偏僻之处。披草，拨开杂草。杂言，闲话。但道，只说。桑麻，代指农桑之事。

【译文/点评】此写乡村之人交往的情景，让人如见如闻两个老农道遇相谈农事的情景。

数家茅屋清溪上，千树蝉声落日中。

【注释】出自唐·戴叔伦《题友人山居》。

【译文/点评】此写山居的清幽苍凉之境。前句写视觉形象，表现的是山居环境的清幽；后句写视听觉形象，用“蝉声”、“落日”两个特定的意象，从听觉与视觉两个方面表现山居的僻静与苍凉。“千树蝉声”是夸张，意在突显苍凉的氛围。

谁家煮茧一村香，隔篱娇语络丝娘。

【注释】出自宋·苏轼《浣溪沙》。络丝娘，虫类，此指缫丝的姑娘。

【译文/点评】此写煮茧飘香、姑娘娇语的田园情趣。

水满田畴稻叶齐，日光穿树晓烟低。

【注释】出自宋·徐玑《新凉》。田畴，此指水田。晓烟低，指晨雾即将散去。

【译文/点评】此写稻田水满、稻叶长齐，阳光透树、晨雾将散的景象。

水曲山隈四五家，夕阳烟火隔芦花。

【注释】出自宋·徐积《渔父乐》。隈（wēi），山或水弯曲的地方。

【译文/点评】此写山穷水复处、村舍四五家，夕阳冉冉落、炊烟映芦花的田园风光。

田夫荷锄至，相见语依依。

【注释】出自唐·王维《渭川田家》。田夫，农夫、农民。荷，扛着。锄，锄头，一种锄草的农具。依依，依恋不舍的样子。

【译文/点评】此写傍晚农夫锄地归来，路见邻人而相谈甚欢、依依不舍的情状，表现的是一种纯朴的田园生活情趣。

童子柳阴眠正着，一牛吃过柳阴西。

【注释】出自宋·杨万里《桑茶坑道中八首》（其一）。

【译文/点评】此写牧童贪眠于柳阴之下、牛儿偷过柳阴之西的情景，颇富悠闲的田园情趣。

土地平旷，屋舍俨然，有良田美池桑竹之属。

【注释】出自晋·陶渊明《桃花源记》。平旷，平整开阔。屋舍，房屋。俨然，整齐分明之状。

【译文/点评】此写桃花源中之景，确是一派世外仙地之象。

夕阳牛背无人卧，带得寒鸦两两归。

【注释】出自宋·张舜民《村居》。

【译文/点评】此写恬静安宁的田园风光：夕阳西下、耕牛晚归，三二寒鸦、立于牛背。表现的是一种自然的天趣。

溪流清浅路横斜，日暮牛羊自识家。

【注释】出自宋·方士繇《崇安分水道中》。

【译文/点评】此写自然冲淡的田园风光。

溪田雨足禾先熟，海树风高叶易秋。

【注释】出自宋·张耒《登海州城楼》。禾，此指水稻。

【译文/点评】此写晚稻成熟之时已是风高叶落的秋天的季候特点。

斜光照墟落，穷巷牛羊归。

【注释】出自唐·王维《渭川田家》。斜光，夕阳。墟落，村落。穷巷，指闭塞不通的小巷。

【译文/点评】此写夕阳西下、牛羊归来的晚景。虽是平常的写景，却蕴含了“归依”、“冲淡”的人生哲理。就写景本身来看，则表现了一种静谧恬淡的境界。

斜阳外，寒鸦数点，流水绕孤村。

【注释】出自宋·秦观《满庭芳》。数点，指鸦飞得高飞得远，难以看得真切。

【译文/点评】此写夕阳依山下、寒鸦飞渐远、流水绕孤村的秋日田园景象。

新筑场泥镜面平，家家打稻趁霜晴。

【注释】出自宋·范成大《四时田园杂兴六十首》（其四十四）。趁，趁着、赶在。打稻，即脱粒。

【译文/点评】此写农民赶在秋季霜落之前、天晴之时忙着整理晒场与脱粒的景象。

杏花红处青山缺，山畔行人山下歇。

【注释】出自宋·欧阳修《玉楼春》。

【译文/点评】此写杏花掩青山、行人山下歇的景象。前句写杏花开放之盛，将青山遮了一个缺；后句通过写行人驻足看花的动作，反衬杏花之美。

眼底饶苍翠，南山带北村。

【注释】出自宋·陈昌时《周公辅别业》。饶，富、多。苍翠，代指树木。

【译文/点评】此写满目苍翠、村落傍山的居住环境。

野船明细火，宿雁聚圆沙。

【注释】出自唐·杜甫《遣意二首》（其二）。

【译文/点评】此写夜航之船灯火时明时暗、止宿之雁沙滩上睡成一圈的景象。

野碓喧春水，山桥枕浅沙。

【注释】出自元 · 黄镇成《东阳道中》。碓（duì），用木、石制成的捣米工具。野碓，此指利用水力捣米的器具。

【译文/点评】春雨涨溪，推动野碓发出喧哗之声；山间小桥，水挟泥沙淤于桥下，形成了一片小小的沙滩。此写春雨中的乡野风光。前句写动景，后句写静态，动静结合，遂写活了野村既宁静又充满活力的景象。

野间绝少尘埃污，惟有清泉漾白沙。

【注释】出自宋 · 郑獬《春尽》。

【译文/点评】此写原野之间空气清新、山脚之下清泉漾沙的景象。意在强调春天山野环境的优美。

野老念牧童，倚杖候荆扉。

【注释】出自唐 · 王维《渭川田家》。野老，老农。荆扉，柴门。

【译文/点评】此写黄昏时分老农念着放牧的孩子，拄杖等在柴门前凝望的情景。虽是非常平常的叙事，但其间所透露的天伦亲情与人间真情，恰似李白所说的“清水出芙蓉，天然去雕饰”那般自然清新，有一种质朴真醇的美，能让人引发无尽的回味。

野桥经雨断，涧水向田分。

【注释】出自唐 · 刘长卿《碧涧别墅喜皇甫侍御相访》。

【译文/点评】此写暴雨断桥、溪水注田的景象，表现的是一派田园自然静谧的景象。

野田春水碧如镜，人影渡旁鸥不惊。

【注释】出自宋 · 汪藻《春日》。野田，指荒芜的水田。

人影渡，渡口名。

【译文/点评】此写水田水碧如镜、渡口鸥不惧人的春日景象，表现的是一派静谧自然的天趣。

野外罕人事，穷巷寡轮鞅。白日掩荆扉，虚室绝尘想。

【注释】出自晋·陶渊明《归田园居五首》（其二）。罕，少。人事，指人际往来。穷巷，偏僻的陋巷。寡，少。鞅，马驾车时颈上皮带。寡轮鞅，指车马稀少。白日，白天。荆扉，柴门。虚室，无人之室。绝，断绝。尘想，世俗的念头。

【译文/点评】此写乡村的寂静与贫穷的情景，让人有如临其境之感。

夜来春雨深一犁，破晓径去耕南陂。

【注释】出自宋·田昼《筑长堤》。深一犁，水深一犁。径，径直。陂（bēi），山坡、斜坡。

【译文/点评】此写春雨后农民早起耕田之事，既写出了农民的辛苦，也表达了农民喜得春雨的欣悦之情。

一径野花落，孤村春水生。

【注释】出自唐·杜甫《遣意二首》（其一）。

【译文/点评】此写田园自然宁静的景象。“野花落”对“春水生”，不仅对仗工整，而且意象相映成趣。“野花落”，写花落纷纷的景象，表现的是“往下”的意象；“春水生”，写春水涌涨的景象，表现的是“往上”的意象。前后配合，共同表现了大自然新陈代谢的景象，前者是“谢”，后者是“代”。

一路稻花谁是主，红蜻蛉伴绿螳螂。

【注释】出自宋·乐雷发《秋日行村路》。

【译文/点评】此写蜻蛉螳螂飞逐稻花、漫天起舞的景象。

后句强调蜻蛉之红、螳螂之绿，意在与前句所写稻花之白作颜色上的比对，从而突显诗句意境上的色彩感。

引壶觞以自酌，眄庭柯以怡颜。

【注释】出自晋 · 陶渊明《归去来兮辞》。引，拿、执。壶觞，酒壶酒杯。以，而。眄（miàn），斜着眼看，此处指闲散地看。柯，树枝。怡，愉快。颜，脸。

【译文/点评】手执酒壶自斟自饮，闲看庭树而心情舒畅，这是何等优雅而快乐的田园生活呢！

永日屋头槐影暗，微风扇里麦花香。

【注释】出自宋 · 范成大《初夏二首》（其二）。永日，长日。

【译文/点评】此写初夏槐树遮屋、长日影暗，微风时起、麦花飘香的景象。

有家皆掩映，无处不潺湲。

【注释】出自唐 · 杜牧《睦州四韵》。潺湲（chán yuán），水流缓慢之状。

【译文/点评】此写家家绿树掩映、户户流水潺潺的田园风光。

渔翁夜傍西岩宿，晓汲清湘燃楚竹。

【注释】出自唐 · 柳宗元《渔翁》。汲（jí），打水、取水。清湘，指湘江清水。楚竹，指南方的竹子。

【译文/点评】此写渔翁晚傍江岩宿、晨起汲水烧的生活情景。表现的是一种平淡而不失悠然的生活情调，体现的是一种与世无争、回归自然的人生境界。

雨里鸡鸣一两家，竹溪村路板桥斜。

【注释】出自唐 · 王建《雨过山村》。

【译文/点评】此写雨中田园静谧的景象。

远岸谁家柳，孤烟何处村。

【注释】出自唐 · 刘长卿《留题李明府霅溪水堂》。

【译文/点评】此写溪水堂所处环境的幽静。“谁家柳”、“何处村”，以疑问语气表明溪水堂不在俗世喧闹之所，不为追逐繁华之辈所知，说明溪水堂犹如世外桃源。“远岸”、“孤村”，言其位置的僻远，突出的也是幽静之意。

远草平中见牛背，新秧疏处有人踪。

【注释】出自宋 · 杨万里《过百家渡》。

【译文/点评】此写牛牧于远野之上、人劳作于秧田之中的田园景象。

远上寒山石径斜，白云生处有人家。

【注释】出自唐 · 杜牧《山行》。

【译文/点评】此写山行所见景象：秋山萧瑟、石径细斜，白云浮动、遥见人家。表现的是一种田园生活的静谧自然的情调。

月下江流静，荒村人语稀。

【注释】出自唐 · 钱起《江行无题一百首》（其二十六）。

【译文/点评】此写宁静的田园夜景。前句直接以“静”字点出主旨意蕴，后句则以“荒村”和“人语稀”两个场景将“静”予以具体化，从而将月夜静谧的境界表现出来。

悦亲戚之情话，乐琴书以消忧。

【注释】出自晋 · 陶渊明《归去来兮辞》。悦，对……感到喜悦。之，的。情话，有人情味的闲话。乐，以……为乐。琴书，弹琴读书。以，而。

【译文/点评】此写诗人归乡后与亲戚闲话人间事、弹琴读诗书以消磨时光的生活情趣。

织成云外雁行斜，染作江南春水浅。

【注释】出自宋·晏几道《玉楼春》。

【译文/点评】此写染织的图案与颜色的逼真，表现的是初春时节雁阵斜飞浮云外、春水江南处处春的景象。

稚子就花拈蛱蝶，人家依树系秋千。

【注释】出自宋·王禹偁《寒食》。稚子，幼儿。就，接近、靠近。拈，捉。蛱（jiá）蝶，蝴蝶。依，傍、靠。系（jì），拴、绑。

【译文/点评】此写幼儿捉蝶、秋千依树的田园宁静安详之景象，如诗如画，动感极强。

种豆南山下，草盛豆苗稀。晨兴理荒秽，带月荷锄归。

【注释】出自晋·陶渊明《归田园居五首》（其三）。晨兴，早起。理荒秽，指除去杂草之类。荷，肩扛。

【译文/点评】此写诗人早出晚归的劳动生活。是写诗人回乡后劳作的体验，更是写广大农民的日常生活，字里行间透露着对农民收获庄稼之不易与田间劳作之辛苦的深切同情。

竹径有时风为扫，柴门无事日常关。

【注释】出自唐·朱庆余《归故园》。柴门，指极简陋的门。

【译文/点评】前句写风扫竹径的细节，意谓竹径无人行走；后句写柴门常关，意谓院落无人居住。两句合起来，便表现了故园荒废已久的意旨。其所写之意境虽有萧条、苍凉的色彩，但又不失清幽、雅致的本色，风扫竹径的细节尤其能突显这一点。

竹梧秋雨碧，荷芰晚波明。

【注释】出自元·倪瓒《荒村》。芰（jì），菱。

【译文/点评】此写秋日暮雨过后所见田园风光：翠竹苍梧青碧闪亮、绿荷红菱漾于波中。前句写静景，后句写动态；前句写绿色，后句写红色。动静结合、红白相间，一幅田园暮雨秋景图跃然纸上，让人大有身临其境之感。

竹喧归浣女，莲动下渔舟。

【注释】出自唐·王维《山居秋暝》。竹喧，指竹林里的喧哗声。浣女，洗衣的女子。

【译文/点评】此写日暮竹林喧哗、浣女归家，莲叶摇动、渔舟返航的乡野晚景，就像一幅生动的山水人物画，有竹有莲，有男有女，有声有色（声是喧哗之声，色是竹、莲之色），读之让人神往不已。从语序上说，这两句应该写成“竹喧浣女归，莲动渔舟下”。之所以写成“竹喧归浣女，莲动下渔舟”，那是因为要符合律诗格律与平仄相对的需要。

自种自收还自足，不知尧舜是吾君。

【注释】出自宋·王禹偁《畬田调》。尧、舜，上古圣君，此借指当朝皇帝。吾，我。君，国君。

【译文/点评】此写农民自种自收、自给自足，不问政事的心态。

最喜儿孙解农事，稻花香满旧田间。

【注释】出自宋·徐勣《归田》。解，懂。

【译文/点评】此写诗人回归田园与儿孙共话农事、看稻花飘香、忆及往日田间劳作情景的喜悦之情。